上海科技工作者法律知识丛书

刑事法律知识问答

Knowledge of Criminal Law

Q & A

叶青　韩志强　主编

上海科技工作者法律知识丛书
编辑委员会

主 任 韩志强 叶 青

编 委（以姓氏笔画为序）

丁 闻　　丛立先　吕国强　刘 峰　张 君

张明春　　陆春玮　陈 勇　季 诺　单晓光

皇甫长城　顾跃进　席建林　盛雷鸣　谭朴珍

《刑事法律知识问答》

主 编 叶 青 韩志强
副主编 程 衍
编写人 王小光 王 艺 刘 杰 吴 羽 熊 波

目录

前言   1

第一部分   中华人民共和国刑法   1

第一章   刑法   3

1. 对于科技工作者来说，刑法意味着什么？   3
2. 科技工作者要了解刑法的什么原则？   4
3. 互联网招募模特和摄影者组成的"一对一"私拍活动，认定为淫秽表演符合罪刑法定原则吗？   4

第二章   犯罪   6

1. 科技工作者是否有必要了解犯罪是怎么构成的？   6
2. 科技工作者有没有可能构成犯罪行为主体？   7
3. 何种罪名要求具备特殊身份？   8
4. 公司被认定为单位犯罪，非主管人员会受到刑事

处罚吗？ 9
5. 犯罪行为与日常生活行为有何不同？ 10
6. 为他人实施网络盗窃、诈骗行为等提供程序和网站行为是刑法上的危害行为吗？ 11
7. 只是没有执行法院生效判决，需要承担刑事责任吗？ 13
8. 危害行为产生的任何结果都是犯罪结果吗？ 14
9. 虚开增值税发票没有造成严重后果的构成犯罪吗？ 15
10. 考察行为和结果之间是否有关联的步骤是什么？ 16
11. 只是维护用于诈骗的软件，没有亲自诈骗是否要负刑事责任？ 17
12. 科技工作者造成了危害结果必然构成犯罪吗？ 18
13. 对正当防卫中"明显超过必要限度"应当如何判断？ 19
14. 对科技工作者定罪需要考虑主观想法吗？ 21
15. 不尊重他人的劳动成果是否达到侵犯商业秘密罪的主观故意程度？ 22
16. 科技工作者构成故意犯罪的是否必然承担刑事责任？ 24

17. 帮助信息网络犯罪活动罪中主观"明知"如何认定？ 25
18. 如果犯罪过程中"悔不当初"或想"改过自新"，是否还会受到处罚？ 27
19. 滥用职权、受贿行为未遂的标准是什么？ 28
20. 科技工作者与他人合作完成犯罪的情况下各方如何定罪处罚？ 30
21. 利用他人实施犯罪行为的是间接正犯还是教唆犯？ 31

第三章 刑罚 33
1. 科技工作者若是犯罪可能面临什么样的刑事处罚？ 33
2. 同时被判处罚金和没收财产的，是否都需要执行？ 34
3. 受到刑事处罚时在何种情况下可以从宽处理？ 35
4. 犯罪后逃跑，在被通缉、追捕过程中主动投案的，能否认定为自首？ 37

第四章 分则编 39
第一节 科技支持篇 39
1. 什么是"帮信罪"？ 39

2. 技术人员的哪些行为可能构成"帮信罪"？　　　　40

3. 明知他人从事网络诈骗行为而为他人提供软件开发等业务，是否会构成犯罪？　　　　41

4. 技术支持行为成立"帮信罪"，是否要求主观上对上游犯罪达到"确切明知"的程度？　　　　42

5. 技术人员的哪些技术支持行为，可直接推知其对他人实施犯罪具备主观明知？　　　　44

6. 是否只有被帮助对象被实际定罪处罚，帮助者的"帮信罪"才能成立？　　　　45

7. 涉众型帮助实施网络犯罪活动，无法查证犯罪程度，是否就能躲过刑法制裁？　　　　46

第二节　科技维护篇　　　　47

1. 故意规避技术保护措施的行为，会受到刑法处置吗？　　　　47

2. 什么是侵犯商业秘密罪中的商业秘密？其具备哪些特征要素？　　　　49

3. 侵犯商业秘密的常见犯罪行为有哪些？　　　　50

4. 侵犯商业秘密罪的认定中，公众存在获取技术信息的可能，是否就意味着商业秘密保密性的丧失？　　　　51

5. 对商业秘密进行修改后使用,或者根据商业秘密调整、优化、改进有关技术生产活动,是否仍构成侵犯商业秘密罪? ... 52
6. 是否只有给商业秘密权利人造成"重大损失"的实害结果,才构成侵犯商业秘密罪? ... 54

第三节 科技研发篇 ... 55

1. 自愿的精卵交易是否合法?是否可能构成非法经营罪? ... 55
2. 罔顾生命健康与安全引诱他人开展精卵交易,是否可能构成故意伤害罪? ... 56
3. 非法实施提取精卵手术的人员是否可能构成非法行医罪? ... 57
4. 刑法上如何评价实施试管婴儿手术的技术人员偷换精子的行为? ... 59
5. 技术人员将经过基因编辑的胚胎植入人体内,是否构成犯罪? ... 60
6. 制作网络游戏外挂并销售牟利,是否触犯刑法? ... 61
7. 将自己制作的网络游戏外挂免费提供其他玩家使用,是否构成犯罪? ... 63

8. 制作网络游戏外挂必须同时满足"使用者 20 人次以上"和"获利 5000 元以上"才构成犯罪吗?   64

第四节   科技传播篇   65

1. 在技术证书已过期的情况下,仍使用该证书进行广告宣传,会触犯刑法吗?   65

2. 利用 ChatGPT 杜撰假新闻,赚取流量加以变现,构成何罪?   66

3. 擅自使用他人发明专利号,将产品冒充为专利产品,是否需承担刑事责任?   68

4. 伪造 AI 视频骗过"人脸识别",只是炫技?还是构成犯罪?   69

5. 利用深度伪造技术克隆他人语音,开展虚假交易,只是玩笑?还是构成犯罪?   71

6. AI 歌手发布网站任由侵权的 AI 歌手作品散布,是否可能构成犯罪?   72

7. 非法提供"翻墙"服务,且拒不改正,是否构成犯罪?   73

第二部分　中华人民共和国刑事诉讼法　　77

第一章　何谓刑事诉讼法？　　79

1. 什么是刑事诉讼？　　79
2. 刑事诉讼法的概念及其法律渊源是什么？　　80
3. 刑事诉讼法的目的和任务是什么？　　82
4. 何谓刑事诉讼构造？刑事诉讼构造的类型有哪些？　　84
5. 我国的刑事诉讼构造及其特征是什么？　　87

第二章　刑事诉讼基本原则　　89

1. 刑事诉讼基本原则的内容是什么？　　89
2. 刑事诉讼基本原则的地位及特点是什么？　　90
3. 刑事诉讼基本原则的价值与意义是什么？　　91
4. 什么是以事实为根据、以法律为准绳原则？　　92
5. 什么是分工负责、互相配合、互相制约原则？　　93
6. 以审判为中心与分工负责、互相配合、互相制约原则的关系是什么？　　96
7. 什么是无罪推定原则？　　97
8. 什么是未经人民法院依法判决对任何人都不得

确定有罪原则？ 97
9. 什么是认罪认罚从宽原则？ 99

第三章　刑事诉讼基本制度 102

1. 我国刑事诉讼职能管辖是什么？ 102
2. 自诉案件的类型有哪些？ 102
3. 什么是并案管辖？ 104
4. 法定回避情形有哪些？ 106
5. 刑事强制措施的概念和特点是什么？ 108
6. 取保候审的适用条件是什么？ 110
7. 我国刑事拘留的特点是什么？ 112
8. 我国逮捕的适用条件是什么？ 114
9. 我国辩护人的诉讼地位是什么？ 115
10. 辩护人的诉讼权利有哪些？ 116
11. 指定辩护的适用情形有哪些？ 119
12. 我国法定证据种类有哪些？ 120
13. 我国刑事诉讼证明标准是什么？ 120
14. 如何理解非法证据排除规则中的证明规则？ 121

第四章 刑事诉讼普通程序 124

1. 刑事侦查的特征有哪些？ 124
2. 补充侦查的种类有哪些？ 125
3. 不起诉的种类和适用条件有哪些？ 126
4. 延期审理和中止审理的区别是什么？ 127
5. 自诉案件第一审程序有何特点？ 128
6. 简易程序的适用范围是什么？ 130
7. 速裁程序的适用条件是什么？ 131
8. 第二审程序的提出主体有哪些？ 133
9. 如何具体适用上诉不加刑原则？ 134
10. 二审法院对上诉、抗诉案件应当如何处理？ 137
11. 死刑复核程序的特点有哪些？ 138
12. 审判监督程序的启动主体有哪些？ 140

第五章 刑事诉讼特别程序 141

1. 什么是未成年人刑事案件诉讼程序？ 141
2. 未成年人刑事案件诉讼程序的基本原则有哪些？ 142
3. 未成年人刑事案件诉讼程序的基本制度有哪些？ 145
4. 刑事和解可以适用的案件范围是哪些？ 148

5. 刑事和解的构成要件有哪些？ 149
6. 当事人和解的公诉案件诉讼程序的意义有哪些？ 150
7. 缺席审判的种类有哪些？ 152
8. 缺席审判的管辖法院如何确定？ 153
9. 缺席审判的权利保障有哪些？ 154
10. 违法所得没收程序的适用案件范围是什么？ 156
11. 违法所得没收程序的审判法院是什么？ 157
12. 强制医疗程序适用的条件有哪些？ 157
13. 强制医疗程序的启动方式有哪些？ 158

第六章 刑事执行程序 159

1. 执行的依据有哪些？ 159
2. 各类判决、裁定的执行机关分别是什么？ 160
3. 死刑执行的变更情形有哪些？ 161
4. 监外执行的适用条件有哪些？ 162
5. 减刑、假释的具体程序是什么？ 163
6. 对于新罪、漏罪，如何处理？ 164
7. 人民检察院如何实现对执行活动的监督？ 165

第三部分 中华人民共和国治安管理处罚法   169

第一章 总则   171

1. 《治安管理处罚法》的立法目的是什么？   171
2. 什么是违反治安管理的行为？   172
3. 《治安管理处罚法》的适用范围是什么？   175
4. 治安管理处罚的基本原则是什么？   176
5. 什么是社会治安综合治理？   178
6. 治安管理由哪个部门主管？治安案件的管辖部门是什么？   179
7. 行为人被治安管理处罚后是否还需要承担民事责任？   180
8. 违反治安管理的案件哪些可以调解？哪些不可以调解？   181

第二章 处罚的种类和适用   183

1. 治安管理处罚的种类有哪些？   183
2. 对于外国人如何适用治安管理处罚？   184
3. 非法财物和违法所得的范围是什么？   184

4. 公安机关对于收缴的非法财物应如何处理? 185

5. 未成年人治安法律责任年龄是多大? 186

6. 如何处罚违法的醉酒的人? 什么是保护性措施? 186

7. 如何处罚有两种以上违法的行为? 189

8. 如何处罚共同违法行为? 189

9. 如何处罚单位违法行为? 190

10. 哪些情形可以对违法行为人减轻处罚或不予处罚? 如何认定"主动投案"? 190

11. 哪些情形需要对违法行为人从重处罚? 191

12. 哪些情形可以不予执行行政拘留? 192

13. 违法行为人的追究时效是多长? 如何计算? 192

第三章 违反治安管理的行为和处罚 193

1. 什么是扰乱机关单位、公共场所、公共交通和选举秩序的行为? 对上述行为如何处罚? 193

2. 什么是扰乱文化、体育等大型群众性活动秩序的行为? 对上述行为如何处罚? 194

3. 什么是扰乱公共秩序的行为? 如何处罚扰乱公共秩序的行为? 195

4. 什么是寻衅滋事行为？如何处罚寻衅滋事的行为？ 196

5. 什么是利用封建迷信、会道门进行非法活动的
   行为？对上述行为如何处罚？ 198

6. 如何处罚故意干扰无线电业务正常进行或者对正
   常运行的无线电台（站）产生有害干扰的行为？ 202

7. 什么是侵入、破坏计算机信息系统的行为？如何
   处罚侵入、破坏计算机信息系统行为？ 202

8. 什么是违反危险物质管理的行为？如何处罚违反
   危险物质管理的行为？ 205

9. 什么是危险物质？如何处罚危险物质被盗、被抢、
   丢失不报的行为？ 207

10. 什么是管制器具？如何处罚非法携带管制器具的
    行为？ 207

11. 什么是公共设施？如何处罚盗窃、损毁公共设施
    的行为？ 211

12. 什么是妨害航空器飞行安全的行为？如何处罚妨
    害航空器飞行安全的行为？ 212

13. 什么是妨害铁路运行安全的行为？如何处罚妨害
    铁路运行安全的行为？ 212

14. 什么是妨害列车行车安全的行为？如何处罚妨害列车行车安全的行为？ 213
15. 什么是妨害公共道路安全的行为？如何处罚妨害公共道路安全的行为？ 214
16. 如何处罚违反规定举办大型活动的行为？ 214
17. 大型群众性活动重大安全事故罪与违反规定举办大型活动的行为有什么区别？ 215
18. 什么是公共场所？如何处罚违反公共场所安全规定的行为？ 216
19. 什么是恐怖表演、强迫劳动和非法限制他人人身自由、非法侵入他人住宅或者非法搜查他人身体的行为？对上述行为如何处罚？ 217
20. 侵犯人身权利的行为有哪些？如何处罚侵犯人身权利的行为？ 219
21. 如何处罚殴打或者故意伤害他人身体的行为？ 222
22. 故意伤害他人与故意伤害罪的区别是什么？ 224
23. 什么是猥亵行为？如何处罚猥亵他人和在公共场所裸露身体的行为？ 225
24. 什么是虐待家庭成员、遗弃被扶养人的行为？

  对上述行为如何处罚?   227
25. 虐待家庭成员与父母管教子女不当的界限是什么?

  228
26. 什么是强迫交易行为?如何处罚强迫交易的行为?

  228
27. 什么是煽动民族仇恨、民族歧视的行为?对上述行为如何处罚?   231
28. 什么是侵犯他人通讯自由的行为?如何处罚侵犯通信自由的行为?   232
29. 如何处罚盗窃、诈骗、哄抢、抢夺、敲诈勒索、损毁公私财物的行为?   232
30. 拒不执行紧急状态决定、命令和阻碍执行公务的行为有哪些?对上述行为如何处罚?   233
31. 什么是冒充国家工作人员身份的行为?如何处罚招摇撞骗的行为?   233
32. 伪造、变造、买卖公文、证件和票据的行为有哪些?对上述行为如何处罚?   234
33. 违法设立社会团体的行为有哪些?如何处罚违法设立社会团体的行为?公安机关在处理非法社团

问题上如何与民政部门分工？ 235

34. 非法集会、游行和示威的行为有哪些？如何处罚煽动、策划非法集会、游行和示威的行为？ 237

35. 旅馆业工作人员应当履行哪些义务？如何处罚旅馆业工作人员违反规定的行为？ 239

36. 房屋出租人需要承担什么义务？如何处罚违法出租房屋的行为？ 241

37. 如何处罚制造噪声干扰他人生活的行为？ 241

38. 违法典当、收购行为有哪些？如何处罚违法典当、收购的行为？ 243

39. 什么是妨害执法秩序的行为？如何处罚妨害执法秩序的行为？窝藏、转移或者代为销售赃物的违反治安管理行为与窝藏、转移、收购、销售赃物罪的区别是什么？ 243

40. 什么是偷越国（边）境的行为？如何处罚协助组织或者运送他人偷越国（边）境的行为？如何处罚偷越国边境的行为？ 244

41. 什么是妨害文物管理的行为？如何处罚妨害文物管理的行为？ 246

42. 偷开机动车与盗窃机动车有什么区别？什么是非法驾驶交通工具的行为？如何处罚非法驾驶交通工具的行为？ 247

43. 哪些行为属于妨害尸体管理行为？如何处罚妨害尸体管理的行为？ 248

44. 什么是卖淫、嫖娼的行为？如何处罚卖淫、嫖娼的行为？拉客招嫖行为与卖淫、嫖娼行为的区别是什么？ 250

45. 什么是引诱、容留、介绍他人卖淫的行为？如何处罚引诱、容留、介绍他人卖淫的行为？ 251

46. 什么是淫秽物品？如何处罚传播淫秽信息的行为？ 252

47. 组织、参与淫秽活动的行为有哪些？如何处罚组织、参与淫秽活动的行为？如何区分参与聚众淫乱活动行为与聚众淫乱罪？ 253

48. 什么是违反治安管理的赌博行为？如何处罚违反治安管理的赌博行为？如何区分赌博行为和赌博罪、开设赌场罪？ 255

49. 什么是涉及毒品原植物行为？如何处罚涉及毒品

原植物行为？ 257

50. 什么是毒品违法行为？如何处罚毒品违法行为？ 259

51. 如何处罚教唆、引诱、欺骗他人吸食、注射毒品的行为？该行为与《刑法》中规定的引诱、教唆、欺骗、强迫他人吸毒罪的区别是什么？ 260

52. 什么是服务行业通风报信的行为？如何处罚服务行业通风报信的行为？该行为与包庇罪的区别是什么？ 261

53. 哪些情形下饲养动物会违法？如何处罚饲养动物违法行为？ 262

第四章 处罚程序 265

1. 报案、控告和举报有什么不同？公安机关如何处理报案、控告和举报？ 265

2. 公安机关不受理案件时，举报人、控告人有哪些救济手段？ 266

3. 如何确定行政案件的管辖地？ 267

4. 公安机关及其人民警察调查治安案件时，采取哪些手段属于非法收集证据？ 268

5. 公安机关办理治安案件时,有哪些保密义务? 269
6. 哪些情形下可以要求办案人员回避? 270
7. 什么是传唤?传唤的程序是什么?传唤的期限是多长? 271
8. 询问笔录是如何制作的?被询问人能否自行提供书面材料?询问不满十六周岁的人有何要求? 272
9. 如何询问被害人和证人? 273
10. 公安机关及其人民警察进行检查时应遵守哪些程序?如何制作检查笔录? 274
11. 公安机关办理治安案件时,哪些物品可以扣押?哪些物品不可以扣押?扣押有什么程序?如何保管扣押的物品? 275
12. 什么情况下可以进行鉴定? 276
13. 治安管理处罚决定应由哪些机关作出? 276
14. 如何折抵行政拘留? 277
15. 为何只有本人陈述时,不得作出治安管理处罚决定? 277
16. 什么是陈述权?什么是申辩权? 279
17. 治安案件有哪些处理情形? 280

18. 公安机关在作出治安管理处罚后，发现违法行为已涉嫌犯罪的，如何处理？ 281
19. 治安管理处罚决定书包括哪些内容？ 282
20. 治安管理处罚决定书如何进行宣告、送达、抄送？ 283
21. 什么情况下违反治安管理行为人可以要求公安机关举行听证程序？ 284
22. 公安机关办理治安案件的期限是多长？ 285
23. 什么是当场处罚？当场处罚的程序是什么？ 287
24. 什么情况下可以申请行政复议或者提起行政诉讼？行政复议和行政诉讼有什么区别？ 288
25. 如何执行行政拘留决定？ 289
26. 人民警察在哪些情形下可以当场收缴罚款？罚款缴纳的期限是多长？罚款收据有什么要求？ 289
27. 被处罚人申请暂缓执行行政拘留的条件是什么？ 290

第五章 执法监督 293

1. 公安机关及其人民警察办理治安案件的原则是什么？有哪些禁止行为？ 293

2. 什么是社会监督? 293

3. 什么是罚缴分离原则? 294

4. 在什么情形下,公安机关及其人民警察办理治安案件时需要承担行政责任和刑事责任? 295

5. 哪些情形下,受害人有申请行政赔偿的权利? 297

第四部分　中华人民共和国监察法　301

第一章　《监察法》的内容与定位　303

1. 什么是监察法? 303
2. 监察法在我国法律体系中的定位是什么? 304
3. 监察法的立法目的是什么? 305

第二章　监察机关及其职责　307

1. 监察委员会是什么性质的机关? 307
2. 我国监察机关为什么被定位为政治机关? 308
3. 如何理解监察体制改革后的"一府一委两院"? 310
4. 监察机关和人民代表大会是什么关系? 310
5. 上下级监察机关之间是什么关系? 311

6. 如何理解纪律检查委员会和监察委员会的合署办公？ 312

7. 监察机关的组织架构是什么样的？ 315

8. 监察机关的派驻机构有哪些？ 316

9. 监察机关的职责有哪些？ 319

第三章 监察范围和管辖 321

1. 什么是监察全覆盖？ 321

2. 哪些人属于监察委员会的监察对象？ 322

3. 如何确定公务员和参公管理人员的范围？ 323

4. 法律、法规授权或者受国家机关依法委托管理公共事务的组织中从事公务的人员有哪些？ 325

5. 国有企业管理人员有哪些？ 326

6. 公办的教育、科研、文化、医疗卫生、体育等单位中从事管理的人员有哪些？ 327

7. 基层群众性自治组织中从事管理的人员有哪些？ 328

8. 《监察法》中其他依法履行公职的人员有哪些？ 328

9. 行业协会工作人员是否属于监察对象？ 329

10. 监察委员会可以对哪些职务犯罪进行立案调查？ 332

11. 什么是监察委员会的地域管辖分工？ 332

12. 如何理解监察委员会的级别管辖分工？ 333

13. 什么是监察委员会的提级管辖？ 335

第四章 监察权限 337

1. 监察委员会的监察权有哪些？ 337

2. 监察监督的方式有哪些？ 337

3. 监察调查措施有哪些类型？ 339

4. 监察委员会调查职务犯罪和侦查机关侦查其他类型犯罪有什么区别？ 340

5. 监察委员会对监察对象可以采取哪些处置手段？ 341

6. 对于同时涉嫌违纪和违法的公职人员，应当如何匹配使用党纪处分和政务处分？ 342

7. 新闻媒体报道的"断崖式降级"是一种什么处分？ 345

8. 监察委员会进行调查工作有哪些要求？ 346

9. 监察委员会采取调查措施有哪些程序规定？ 347

10. 监察委员会如何向有关单位查询涉案信息？ 349

11. 监察委员会如何向其他机关调取材料？ 351

12. 监察委员会如何采取留置措施？ 352

13. 监察委员会如何使用技术调查措施？　　　354

第五章　监察程序　　　356

1. 为什么监察委员会实行集体决策制？　　　356
2. 监察案件的办理流程有哪些？　　　357
3. 监察委员会如何处理报案、举报？　　　358
4. 监察委员会如何处理其他机关移送的线索？　　　359
5. 监察机关如何进行线索的初步核实？　　　361
6. 监察立案的条件和程序是什么？　　　362
7. 监察案件调查终结后有几种处理方式？　　　364
8. 有关单位拒不执行处理决定或者无正当理由拒不采纳监察建议，该如何处理？　　　365
9. 监察调查中的涉案财物怎么处理？　　　366
10. 什么是对违纪违法党员干部的"先处后移"？　　　368

第六章　反腐败国际合作　　　370

1. 监察机关可以使用哪些国际追逃措施？　　　370
2. 监察委员会如何进行国际追赃？　　　371
3. 监察委员会如何开展国际防逃？　　　372

第七章 对监察机关和监察人员的监督 374

1. 如何对监察机关进行监督? 374
2. 监察机关侵害公民合法权利,公民如何申诉? 375
3. 监察对象对监察机关的处理决定不服,应如何处理? 377
4. 如何追究监察机关及其工作人员违法行使职权的责任? 378
5. 什么是监察国家赔偿? 379

前言

Preface

《刑事法律知识问答》是"上海科技工作者法律知识丛书"之一，是一本专门介绍我国现行刑事法律知识的实用读本。

刑事法律是涉及犯罪的认定、诉讼、刑罚的运用和罪犯改造的各种法律的统称，包括刑法、刑事诉讼法、治安管理处罚法、监察法、监狱法、人民警察法、预防未成年人犯罪法、国家赔偿法，以及看守所条例、刑事侦查技术与鉴定方面的法律法规和相关司法解释。本辑《刑事法律知识问答》主要围绕着科技工作者日常工作、生活中较为关注的犯罪构成、犯罪的种类、刑事责任的承担、违反治安管理的行为和处罚、刑事诉讼程序、律师刑事辩护、刑事法律援助、职务违法与职务犯罪调查处理等法律问题，通过知识问答、典型案例进行法条阐释和以案释法，以此着重介绍我国《刑法》《刑事诉讼法》《治安管理处罚法》《监察法》的主要立法内容，旨在帮助科技工作者对于上述法律规定在刑事司法实践中的具体适用有相对清晰的理解与把握，预防自身可能因错误理解法律规定而导致发生违法犯罪行为，被追究法律责任，甚至锒铛入狱。

为了全面准确阐释本辑所涉刑事法律的适用问题，我们在知识问答和案例解析中，还专门介绍了相关的司法解释内容。所谓司法解释，是指由国家最高司法机关在适用法律过程中对具体应用法律问题所作的一种解释。在我国，司法解释特指由最高人民法院和最高人民检察院根据法律赋予的职权，对审判和检察工作中具体应用法律所做的具有普遍司法效力的解释。它主要分为审判解释和检察解释，如《最高人民法院关于适用〈中华人民共和国刑事诉讼法〉的解释》《人民检察院刑事诉讼规则》《最高人民法院、最高人民检察院关于办理侵犯知识产权刑事案件具体应用法律若干问题的解释》《最高人民法院关于处理自首和立功具体应用法律若干问题的解释》《最高人民法院关于审理交通肇事刑事案件具体应用法律若干问题的解释》等。这些解释都具有普遍的司法效力，意味着它们对于各级人民法院和检察院在处理相关案件时都有约束力，是作出决定、裁定、判决的依据。

《刑事法律知识问答》由上海市科学技术协会与华东政法大学共同组织编写，由华东政法大学校长、上海市科学技术协会法律咨询委员会主任叶青教授和上海市科学技术协会党组书记、副主席韩志强担任主编。由华东政法大学刑事法学院熊波副教授负责撰写"刑法知识",刑事法学院叶青教授、程衍副研究员负责撰写"刑事诉讼法知识",刑事法学院吴羽副教授撰写"治安管理处罚法知识",刑事法学院王小光讲师负责撰写"监察法知识"。全书由主编负责策划、审稿和定稿。程衍副教授兼任本书的学术秘书,参与了部分章节的审稿工作,并协助主编做了大量的编务和联络工作。

本书在行文上,我们沿用了先前业已出版的丛书《知识产权问答》《劳动与生活法律问答》《技术合同法律问答》《民事法律知识问答》的风格和体例。本书的编写和出版得到了上海市科学技术协会法律咨询委员会成员单位的指导与帮助,同时也得到了上海市科普教育展示技术中心(上海市国际科技交流中心)的大力支持,在此一并表示衷心的感谢。书中难免会有不当之处,恳请广大读者能够批评指正,以便今后修改更正。

"上海科技工作者法律知识丛书"

编辑委员会

2023年11月

第一部分

中华人民共和国刑法

Part I

Criminal Law of the People's Republic of China

第一章　刑法

1. 对于科技工作者来说，刑法意味着什么？

法律面前人人平等，科技工作者当然受到刑法的保护。刑法是统治阶级为了维护其阶级利益与统治秩序，根据自己的意志，以国家名义颁布并以国家强制力保证其实施的，规定犯罪、刑事责任以及刑罚的法律规范的总和。因此，区别于其他部门法，刑法具有规范内容的特定性、调整社会关系的广泛性、制裁手段的严厉性几个方面的特征。

刑法的任务被明文规定于《刑法》第2条："中华人民共和国刑法的任务，是用刑罚同一切犯罪行为作斗争，以保卫国家安全，保卫人民民主专政的政权和社会主义制度，保护国有财产和劳动群众集体所有的财产，保护公民私人所有的财产，保护公民的人身权利、民主权利和其他权利，维护社会秩序、经济秩序，保障社会主义建设事业的顺利进行。"刑法任务的明确性与全面性，是我国刑法的重要特点，也与刑法分则所规定具体罪名息息相关。

2. 科技工作者要了解刑法的什么原则？

刑法的基本原则，是指刑法本身所具有的，贯穿于刑法始终，必须得到普遍遵循的具有全局性、根本性的准则。《刑法》第3条至第5条明文规定了罪刑法定原则、平等适用原则和罪刑相适应原则，办理任何刑事案件包括严重刑事犯罪案件都必须严格遵守。任何人都应该了解、尊重、贯彻刑法的基本原则。

3. 互联网招募模特和摄影者组成的"一对一"私拍活动，认定为淫秽表演符合罪刑法定原则吗？

【案例】 最高人民法院《刑事审判参考》指导案例第770号中，被告人董某单独或伙同蔡某、沈某等人，由董某寻找模特或由蔡某、沈某等人招募模特提供给董某，再由董某通过互联网发布人体模特私拍摄影信息，并招募参与私拍活动的摄影者，租借公寓或预订宾馆客房作为拍摄场地，安排模特分场次供摄影者拍摄，在拍摄过程中要求模特按照摄影者的需要，全裸、暴露生殖器以及摆出各种淫秽姿势。

【法条链接】 《刑法》第3条

【法理分析】 罪刑法定原则的含义是法无明文规定不为罪,法无明文规定不处罚。禁止不利于行为人的类推解释是罪刑法定原则的形式侧面含义,类推解释不是适用规则,而是创造规则,是立法行为,而非司法活动。如果司法机关类推,那就违背了立法和司法的权力分立原则,是罪刑法定原则所禁止的。但扩张解释是将刑法规范可能蕴含的最大含义揭示出来,是在一定限度内的解释极限化,并不产生新的法规,没有超越公民的合理预期,符合罪刑法定原则。前述案例中,权威判例认为,尽管这种淫秽表演的受众只有一人,但该受众是董某从网上公开招募而来,具有不特定性,该表演活动仍会危害社会的健康性风尚,认定为淫秽表演属于扩大解释,符合罪刑法定原则。故被告人董某以牟利为目的,单独或伙同他人组织模特进行淫秽表演,构成组织淫秽表演罪。

第二章 犯罪

1. 科技工作者是否有必要了解犯罪是怎么构成的?

为了保护自身合法权益不受到违法犯罪行为的侵犯,更为了避免误入歧途踏上犯罪的不归路,每个公民都应该了解我国关于犯罪构成的规定,科技工作者并不例外。我国《刑法》第13条规定了犯罪的概念:"一切危害国家主权、领土完整和安全,分裂国家、颠覆人民民主专政的政权和推翻社会主义制度,破坏社会秩序和经济秩序,侵犯国有财产或者劳动群众集体所有的财产,侵犯公民私人所有的财产,侵犯公民的人身权利、民主权利和其他权利,以及其他危害社会的行为,依照法律应当受刑罚处罚的,都是犯罪,但是情节显著轻微危害不大的,不认为是犯罪。"故犯罪具有社会危害性、刑事违法性和应受处罚性。

犯罪构成要件是刑法规定的,反映行为的法益侵犯性与非难可能性,而为该行为成立犯罪所必须具备的不法要件和责任要素的有机整体。① 根据我国传统四要件理论，构成要件应当分为客体要件、客观方面要件、主体要件、主观方面要件四个；而根据德日主流的三阶层理论，应当分为构成要件符合性、违法性、有责性三个层次进行检视。本章根据三阶层理论进行论述。

2. 科技工作者有没有可能构成犯罪行为主体？

虽然按照刑法规定，制造法益侵害事实且具有刑事责任能力的行为人是犯罪主体要件，但在某些犯罪中，行为人的身份能够影响定罪或量刑。真正身份犯是指行为人只有具备某种特殊身份，才能构成犯罪；不真正身份犯是指行为人具有某种特殊身份不影响犯罪的成立，但影响量刑。此外，行为主体不仅可以是自然人，也可以是单位。纯正的单位犯罪是指只能由单位构成而不能由自然人构成的犯罪，如单位行贿罪、单位受贿罪；不纯正的单位犯罪是指既可以由单位构成也可以由自然人构成的犯罪，如生产、销售伪劣产品罪。因此，科技工作者只

---

① 参见张明楷：《刑法学》（第六版·上），法律出版社2021年版，第128页。

要满足了个罪要求的主体要件,如具备特殊身份等,是能够成为犯罪行为主体的。

3. 何种罪名要求具备特殊身份?

【案例】 "陈南等逃税"① 一案中,北京某书刊发行公司采取欺骗手段进行虚假申报,逃避缴纳税款数额巨大(占应纳税额百分之三十以上),被告人孟涵作为直接负责的主管人员,被告人陈南作为直接责任人员,二人均构成逃税罪且系共同犯罪。

【法条链接】 《刑法》第25、201条

【法理分析】 纳税是每个公民的基本义务,公司企业更应当自觉完整履行义务,足额及时缴纳税款,以共同维护国家财政和市场经济的平衡畅通运行。所谓逃税罪,是指纳税人采取欺骗、隐瞒手段进行虚假纳税申报或者不申报,逃避缴纳税款数额较大且占应纳税额10%以上,或者缴纳税款后,以假报出口或者其他欺骗手段,骗取所缴纳的税款的行为,以及扣缴

---

① 参见北京市西城区人民法院(2021)京0102刑初588号刑事判决书。

义务人采取欺骗、隐瞒等手段，不缴或者少缴已扣、已收税款，数额较大的行为。由此可见，逃税罪的主体要求特殊身份，即纳税人与扣缴义务人。除该类身份外，从特殊公职人员主体的角度规定身份特殊条件在我国刑法分则规范中较为普遍，从这个角度可以包含六类主体，即国家工作人员、国家机关工作人员、司法工作人员、邮政工作人员、国有公司、企业负责人、军人。另有从特定法律义务主体角度、特定法律关系主体角度、特定从业人员主体角度等对身份犯身份进行规定。

4. 公司被认定为单位犯罪，非主管人员会受到刑事处罚吗？

【案例】"邓秋城、双善食品（厦门）有限公司等销售假冒注册商标的商品"[①]一案中，被告人邓秋城伙同他人销售明知是假冒注册商标的商品，销售金额数额巨大，应当以销售假冒注册商标的商品罪追究其刑事责任，且系共同犯罪。被告单位双善公司销售明知是假冒注册商标的商品，销售金额数额巨

---

① 参见江苏省无锡市新吴区人民法院（2019）苏 0214 刑初 647 号刑事判决书。

大，被告人陈新文、甄连连作为直接负责的主管人员，被告人张泗泉、甄政作为其他直接责任人员，其行为均应当以销售假冒注册商标的商品罪追究其刑事责任，且系单位犯罪、共同犯罪。

【法条链接】《刑法》第25、30、31、213、214条

【法理分析】 对于企业而言，销售宣传环节必是重中之重，但对于他人已注册商标产品应当保持尊重和敬畏，共同维护良好营商环境。销售假冒注册商标罪中假冒的对象必须是他人已经注册的商标，且必须是销售同一种商品、服务上使用的他人的注册商标。我国单位犯罪处罚原则采取双罚制，即单位犯罪的，对单位判处罚金，同时对单位直接负责的主管人员和其他直接责任人员判处刑罚。故本案中，被告人张泗泉、甄政虽然并非单位的主管人员，但是其作为其他直接责任人员参与犯罪，应当负刑事责任，受到刑事处罚。

5. 犯罪行为与日常生活行为有何不同？

犯罪是一种危害行为，具有有体性、有意性和有害性的特征，其中有害性是危害行为的实质特征，是指行为具有法益侵

害性,对刑法所要保护的法益制造了危险。行为分为作为(违反刑法禁止性规定的行为)和不作为(违反刑法义务性规定的行为)。真正不作为犯是指刑法明文规定只能由不作为构成的犯罪,如拒不支付劳动报酬罪、拒不执行判决裁定罪;不真正不作为犯是指既可以由作为构成也可以由不作为构成的犯罪,当由不作为构成时,即称不真正不作为犯,如以不喂奶方式饿死婴儿构成故意杀人罪。

6. 为他人实施网络盗窃、诈骗行为等提供程序和网站行为是刑法上的危害行为吗?

【案例】"贾建永、毛冬平非法利用信息网络罪"[①] 一案中,法院认为 2020 年 9 月至 10 月间,被告人毛冬平利用信息网络,明知他人使用伪造的饿了么、高速 ETC 网站作为钓鱼网站以非法获取公民的银行卡号、密码及身份证号码等个人信息,进而非法获取银行卡内财物,仍纠集被告人贾建永帮其制作钓鱼网站。被告人贾建永明知所制作的钓鱼网站系用于上述

---

① 参见江苏省无锡市中级人民法院(2022)苏 02 刑终 257 号刑事裁定书。

非法目的,仍利用毛冬平提供的源代码为其制作了虚假的饿了么、高速 ETC 等钓鱼网站 10 个。被告人毛冬平、贾建永结伙利用信息网络设立用于实施违法犯罪活动的网站,情节严重,其行为均已构成非法利用信息网络罪。

【法条链接】 《刑法》第 287 条之一、《最高人民法院、最高人民检察院关于办理非法利用信息网络、帮助信息网络犯罪活动等刑事案件适用法律若干问题的解释》第 8 条

【法理分析】 作为科学技术提供者,涉网站制作、宣传的业务活动不在少数,但合法合理开发、制作、提供网站服务是每个从业者都应当烂熟于心的准则,以避免成为不法分子手中的犯罪工具。以实施违法犯罪活动为目的而设立或者设立后主要用于实施违法犯罪活动的网站、通讯群组,均被认定为非法利用信息网络罪行为方式之一的"用于实施诈骗、传授犯罪方法、制作或者销售违禁物品、管制物品等违法犯罪活动的网站、通讯群组"。本案中,被告人毛冬平、贾建永结伙利用信息网络设立用于实施违法犯罪活动的网站的行为侵犯了社会公共秩序法益,情节严重,符合非法利用信息网络罪构成要件。

7. 只是没有执行法院生效判决,需要承担刑事责任吗?

【**案例**】 "田玉江拒不执行判决、裁定罪"① 一案中,被告人田玉江在承包本村山地种植板栗每年有一、两万元收入,且于2013—2014年期间又出资兴建自家门房的情况下,拒不履行人民法院(2011)青民初字第1306号已生效判决,三次被青龙满族自治县人民法院司法拘留。法院认定被告人田玉江无视国家法律,明知是人民法院已经发生法律效力的判决,负有执行的义务,且在有能力履行的情况下故意采取消极的不作为方式而拒不执行,情节严重,其行为侵害了人民法院的正常活动,构成了拒不执行判决、裁定罪。

【**法条链接**】 《刑法》第313条

【**法理分析**】 个人或企业在生活、生产过程中因民事纠纷等卷入诉讼程序并非十恶不赦之事,但国家法律需要敬畏,人民法院作出的生效裁判具有公信力,以国家强制力作为保障。执行生效判决、裁定书属于义务性规范,个人或企业应当

---

① 参见河北省青龙满族自治县人民法院(2020)冀0321刑初72号刑事判决书。

依法执行，否则可能承担刑事责任。本案中，被告人田玉江明知负有执行义务，有履行能力而故意采取消极不作为的方式拒不执行，属于以不作为方式实施危害行为，藐视国家法律，损害司法公信力，情节严重，构成犯罪，应当承担刑事责任。

8. 危害行为产生的任何结果都是犯罪结果吗？

危害结果是指危害行为对刑法所保护的法益所造成的实际损害或现实危险。实害犯是指以对法益造成实际损害作为构成要件要素的犯罪，危险犯则是指以对法益造成危险作为构成要件要素的犯罪，其中抽象危险犯中的危险是立法推定的危险，不是具体犯罪构成要件的危害结果，而具体危险犯中的危险是司法认定的危险，可以视为构成要件的危险结果。结果加重犯是指一个行为构成基本犯，该行为同时导致了加重结果，基于此，刑法对基本犯加重处罚。

9. 虚开增值税发票没有造成严重后果的构成犯罪吗？

【案例】 "季建芳等虚开增值税专用发票罪"一案中，法院查明被告人季建芳在经营被告单位友恒公司期间，在无真实货物交易的情况下，经人介绍，从洪泽鑫源聚氨酯复合板有限公司虚开25份增值税专用发票，虚开税额为424339.05元，价税合计为2920450.5元。上述增值税专用发票已被友恒公司办理抵扣手续。法院认为被告单位友恒公司、被告人季建芳在无真实货物交易的情况下，让他人为自己虚开增值税专用发票，情节特别严重，其行为均已构成虚开增值税专用发票罪。

【法条链接】 《刑法》第205条

【法理分析】 作为企业经营者，纳税是基本义务，与各种税收发票打交道是司空见惯的事情，但切记不可故作聪明，使用非法手段虚开各类发票用于骗取出口退税、抵扣税款等。虚开增值税发票罪的保护法益是国家的税收财产以及发票的公共信用，包括为他人虚开、为自己虚开、让他人为自己虚开、介绍他人虚开专用发票四种情况。由于法条没有规定实害结果，因此司法人员认为本罪是行为犯，即只要行为人虚开增值税专用发票就构成本罪，即便没有造成实害后果，也应当负刑事责任。本案中,被告人与洪泽鑫源聚氨酯复合板有限公司并不存在实际交易,却让他人为自己虚开增值税专用发票,损害了国家税收征管秩序法益,构成虚开增值税发票罪。

10. 考察行为和结果之间是否有关联的步骤是什么?

刑法中的因果关系,是指危害行为与危害结果之间合乎规律的引起与被引起的联系。考察因果关系,有两个层次。第一个层次为事实判断的层次,这是指从自然科学的角度考察因果关系,如法医鉴定死者的死因。第二个层次为价值评价的层次,这是指从价值评价的角度考察因果关系。具言之,在具体事实层面因果关系的基础上,危害结果归属于谁更公平合理。这个层次考察的因果关系属于刑法上的因果关系。从价值评价层次看,一项结果归责于行为人,需具备三项条件:行为对法益制造了危险、该危险现实化为实害结果、该结果符合一定价值评价的要求。

若是存在介入因素的案件,判断重点即为是先前行为制造的危险的现实化结果,还是介入因素制造的危险的现实化结果,抑或是二因一果。对此,可以从介入因素的异常程度和对结果的作用力大小两方面进行判断。

11. 只是维护用于诈骗的软件,没有亲自诈骗是否要负刑事责任?

【案例】 "曹某敏帮助信息网络犯罪活动罪"① 一案中,被告人曹某敏明知罗某、邱某开进行网络犯罪活动,仍帮助罗某、邱某开等人制作用于实施诈骗的"富康财富"炒外汇APP虚假平台,并交付罗某、邱某开实施诈骗,获取平台制作费4800元。法院认为,曹某敏明知他人利用信息网络实施犯罪,仍为其犯罪制作APP软件、提供互联网接入等技术支持,情节严重,其行为已经构成帮助信息网络犯罪活动罪。

【法条链接】 《刑法》第287条之二

【法理分析】 有鉴于全面普及的网络服务和日益猖獗的网络犯罪,为维护网民切身利益,帮助信息网络犯罪活动罪是典型的帮助行为正犯化的罪名,本罪的正犯实施的是帮助他人进行网络犯罪活动的行为,虽然不是亲自实施该犯罪活动,但

---

① 参见福建省三明市中级人民法院(2020)闽04刑终221号刑事裁定书。

是对该犯罪活动起到了直接有效的促进力,具有因果关系,属于同一因果链条之上,即使不存在法律拟制,也应当作为他人网络犯罪活动的帮助犯定罪处罚。本案中,被告人曹某敏明知罗某、邱某开使用虚假平台用于诈骗仍帮助其制作虚假平台,对罗某、邱某开的网络犯罪行为有直接的促进力,起到帮助作用,符合本罪犯罪构成,应当定以帮助信息网络犯罪活动罪。

12. 科技工作者造成了危害结果必然构成犯罪吗?

若行为人的行为产生了危害结果,但具有违法阻却事由的情况下,可以阻却违法,并不必然构成犯罪。违法阻却事由是指表面上符合犯罪构成要件,但实质上不具有法益侵害性的行为,通常包括正当防卫、紧急避险、被害人承诺等其他违法性阻却事由。一般正当防卫是指为了使国家、公共利益、本人或者他人的人身、财产和其他权利免受正在进行的不法侵害,而采取的制止不法侵害的行为。故成立正当防卫应当满足起因条件(存在现实的不法侵害)、时间条件(不法侵害必须正在进行,尚未结束)、对象条件(针对不法侵害人本人进行防卫)、限度条件(没有明显超过必要限度造成重大损害)、主观条件

（行为人具有防卫意识，包括防卫认识和防卫意志）五个条件。紧急避险是指为了使国家、公共利益、本人或者他人的人身、财产和其他权利免受正在发生的危险，不得已采取的紧急避险行为，其成立条件包括起因条件（法益必须面临现实危险）、时间条件（危险正在发生）、限度条件（没有超过必要限度造成不应有的损害）、主观条件（行为人具有避险意识，包括避险认识和避险意志）、补充性条件（必须出于不得已而损害另一法益）。

13. 对正当防卫中"明显超过必要限度"应当如何判断？

【案例】"赵宇正当防卫"一案中，2018年12月26日晚，李某在相识女青年邹某住处门口谩骂殴打邹某，暂住在楼上的赵宇上前制止并从背后拉拽李某，致李某倒地。李某起身后欲殴打赵宇，威胁要叫人"弄死你们"，赵宇随即将李某推倒在地，朝李某腹部踩一脚，又拿起凳子欲砸李某，被邹某劝阻住，后赵宇离开现场。经鉴定，李某伤情属于重伤二级；邹某面部挫伤，伤情属于轻微伤。公安机关以赵宇涉嫌过失致人重伤罪向检察机关移送审查起诉。福建省福州市晋安区人民检察院认定赵宇防卫过当，对赵宇作出相对不起诉决定。福州市检察院经审查认定赵宇属于正当防卫，依法指令晋安区人民检察院对赵宇作出绝对不起诉决定。

【法条链接】《刑法》第20条

【法理分析】 为了使国家、公共利益、本人或者他人的人身、财产和其他权利免受正在进行的不法侵害，防卫人可以采取制止不法侵害的行为。目前，正当防卫案例多集中于维护本人或他人的人身权利方面。根据《刑法》第20条第2款的规定，防卫过当应当同时具备"明显超过必要限度"和"造成重大损害"两个条件，缺一不可，司法适用中通常从综合情况考虑案件具体适用。司法实践应当综合不法侵害的性质、手段、强度、危害程度和防卫的时机、手段、强度、损害后果等情节，考虑双方力量对比，立足防卫人防卫时所处情境，结合社会公众的一般认知作出判断。在判断不法侵害的危害程度时，不仅要考虑已经造成的损害，还要考虑造成进一步损害的紧迫危险性和现实可能性。不应当苛求防卫人必须采取与不法侵害基本相当的反击方式和强度，更不能机械地理解为反击行为与不法侵害行为的方式要对等，强度要精准。本案中，从赵宇的行为手段、行为目的、行为过程、行为强度等具体情节来看，均没有"明显超过必要限度"，应当认定为正当防卫。

14. 对科技工作者定罪需要考虑主观想法吗？

"没有责任就没有刑罚"是现代刑法的一个基本原理，责任也称有责性，是指对符合构成要件的不法行为的非难可能性。责任要素是指刑法规定成立犯罪必须具备的，表明行为的非难可能性的各种要素，包括故意、过失、目的与动机、责任能力、违法性认识的可能性及期待可能性。

《刑法》第14条第1款规定："明知自己的行为会发生危害社会的结果，并且希望或者放任这种结果发生，因而构成犯罪的，是故意犯罪。"因此，故意包括认识要素（明知自己的行为会发生危害社会的结果）和意志要素（希望或放任）。明知结果必然发生和可能发生而希望结果发生，对结果积极追求的是直接故意；明知结果可能发生而放任结果的发生，对危害结果既不积极追求，也不设法避免的是间接故意。

刑法以处罚故意为原则，处罚过失为例外，只要法律没有规定，就不处罚过失犯罪。犯罪过失包括过于自信的过失和疏忽大意的过失。过于自信的过失是指行为人预见到自己的行为可能发生危害社会的结果，但轻信能够避免，以致发生危害结果的心理态度；疏忽大意的过失是指行为人应当预见自己的行为可能发生危害社会的结果，但因疏忽大意而没有遇见，以致发生这种结果的心理态度。

因此，对科技工作者的定罪，应当考虑工作者的主观罪过形式，故意犯罪的应当受到刑事处罚，过失犯罪的，法律有规定的才处罚。

15. 不尊重他人的劳动成果是否达到侵犯商业秘密罪的主观故意程度？

【案例】"北京捷适中坤铁道技术有限公司等侵犯商业秘密"① 一案中，2012 年年初，被告人郭磊就职于被告单位北京捷适公司担任公司技术人员，后提议将某一模具技术申请为专利，并提供专利申请所需材料。后北京捷适公司未征求该模具技术的主要研发人齐某等人意见，提出"一种用于模制纵向轨

---

① 参见北京市第二中级人民法院（2019）京 02 刑终 425 号刑事判决书。

枕的模具"专利申请。该项专利内容与被告人原就职公司青岛捷适公司交由被告人绘制、保管的模具中的核心秘点技术信息具有同一性。但法院认为被告人不具有犯罪故意,不构成侵犯商业秘密罪。

【法条链接】 《刑法》第14、219条

【法理分析】 商业秘密是指不为公众所知悉,具有商业价值,并经权利人采取相应保密措施的技术信息、经营信息等商业信息。商业秘密作为企业的核心竞争力,凝聚了企业在社会活动中创造的智力成果,关系到企业生存与发展,依法保护商业秘密是国家知识产权战略的重要组成部分。但法律是最低限度的道德,并非所有违反道德的行为都违反法律。达到侵犯商业秘密罪的主观故意应当达到未经商业秘密的权利人许可的程度。本案中,行为人作为原公司员工并与公司签订有保密协议,其知道齐某等原公司员工是涉案模具技术的主要研发人,在涉案模具技术申请专利时,不征求齐某等主要研发人的意见,体现出行为人对技术研发人劳动成果的不尊重,对他人知识产权权益保护的漠视。但这种不尊重研发人意见的主观故意与构成侵犯商业秘密罪中的未经商业秘密的权利人许可的主观故意不同,未达到犯罪所需的主观故意程度,故不应当定罪处罚。

16. 科技工作者构成故意犯罪的是否必然承担刑事责任?

原则上消极的责任要素主要为责任年龄、责任能力、法律认识错误和期待可能性。责任年龄是指刑法所规定的,行为人能够接受刑法谴责所必须达到的年龄。如果没有达到责任年龄,即使行为人制造了法益侵害事实,主观上具有故意或过失,也无法谴责行为人,进而不用负刑事责任。根据《刑法》第17条,不满12周岁的年龄为完全无责任年龄,已满12周岁不满16周岁的年龄为相对责任年龄,已满16周岁为完全责任年龄。此外,12周岁至18周岁以及满75周岁也属于减轻责任年龄。

根据辨认能力和控制能力的程度,责任能力的程度分为三个档次:完全有责任能力、相对有责任能力、完全无责任能力。完全有责任能力人应当负刑事责任,相对有责任能力人应当负刑事责任,但是可以从轻或者减轻处罚,而完全无责任能力人不负刑事责任,但是应当责令其家属或者监护人严加看管和医疗。

个人对于实施行为通常有两个层次的认知活动:首先,认识到自己做什么事;其次,认识自己所做之事在刑法上是否被禁止。前者为事实判断,是认识事实,对事实产生认识错误,即产生事实认识错误；后者为法律评价，是认识刑法的禁止性，对刑法的禁止性产生认识错误，即产生法律认识错误。对构成要件事实有认识错误，排除犯罪故意，进而不成立故意犯罪，即俗语谓之"不知者不为罪"；对刑法的禁止性存在认识错误，能否排除责任需判断有无违法性认识的可能，若存在违法性认识可能，还是能够谴责行为人，行为人应当承担刑事责任，即俗语所说"不知法者不免责"，但若不存在违法性认识可能，则是排除责任的一种事由。

期待可能性是指从行为时的具体情况看，可以期待行为人作出合法行为。"法律不强人所难"，如果从行为时的具体情况看，不能期待行为人作出合法行为，行为人即使作出了违法犯罪行为，也不值得谴责。

17. 帮助信息网络犯罪活动罪中主观"明知"如何认定？

【案例】 "赵某某、胡某某帮助信息网络犯罪活动罪"①

---

① 参见河南省安阳市文峰区人民法院（2020）豫 0502 刑初 314 号刑事判决书。

一案中，被告人赵某某在公诉机关及当庭均供述知道办理营业执照、对公账户出售获利，一共办理了 7 个对公账户，并唆使王某办理；被告人王某的供述证实赵某某告诉其对公账户有人使用可以提成，并有其出售的账户被网络犯罪转账使用的证据。这足以证实被告人赵某某主观明知，并积极实施，企图非法获利的犯罪事实。法院认为，被告人赵某某等七名被告人明知他人利用信息网络实施犯罪活动，仍虚假注册公司并提供工商营业执照、对公账户等，为犯罪分子转移赃款提供帮助，情节严重，其所为均已构成帮助信息网络犯罪活动罪。

【法条链接】 《刑法》第 287 条之二

【法理分析】 无论是作为科学技术类工作的工作人员，还是普通大众，在这个数字时代，都无法避免与网络打交道，故如何识别信息网络犯罪分子，避免被迫卷入犯罪链条之中枉受牢狱之灾，亟待学习。对于帮信罪主观明知的认定，应当结合一般人的认知水平和行为人的认知能力，相关行为是否是违反法律的禁止性规定，行为人是否履行管理职责，是否逃避监管或者规避调查，是否因同类行为受过处罚，以及行为人的供述和辩解的情况进行综合判断，才能将中立的网络帮助行为排除在犯罪之外。如若认定行为人"明知"他人进行网络犯罪活动而予以帮助，便不存在事实上的认识错误，即使行为人认为本人行为应当不属于违法行为也不影响刑事责任的承担。本案中，赵某某等人能够认识到其所办理账户将用于违法行为，仍执意开户并唆使他人开户，能够认定其主观明知，符合该罪"明知他人利用信息网络实施犯罪"的要件。

18. 如果犯罪过程中"悔不当初"或想"改过自新"，是否还会受到处罚？

犯罪特殊形态是指故意犯罪在其发展过程中，由于某种原因而停止下来所呈现的各种状态，即犯罪既遂、犯罪预备、犯罪未遂和犯罪中止。由于犯罪停止形态只存在于故意犯罪中，因此也称为故意犯罪的停止形态。犯罪既遂是指行为人故意实施的犯罪行为已经齐备刑法分则规定的该种犯罪构成的全部要件，也就是已经达到犯罪的完成状态。《刑法》第22条第1款规定："为了犯罪，准备工具、制造条件的，是犯罪预备。"这是刑法对犯罪预备所下的完整定义，它发生在着手实行犯罪之前，是为了犯罪而进行的准备活动。《刑法》第23条第1款规定："已经着手实行犯罪，由于犯罪分子意志以外的原因而未得逞的，是犯罪未遂。"由此可见，犯罪未遂具备已经着手实行犯罪、犯罪未得逞、未得逞是由于犯罪分子意志以外的原因三个特征。《刑法》第24条第1款规定："在犯罪过程中，自动放弃犯罪或者自动有效地防止犯罪结果发生的，是犯罪中止。"换言之，犯罪中止是指在犯罪过程中，行为人自动放弃犯罪或者自动有效地防止犯罪结果发生。

19. 滥用职权、受贿行为未遂的标准是什么？

【案例】《刑事审判参考》第1089号案例"杨德林滥用职权、受贿案"中，被告人杨德林利用职务便利，隐瞒湾田煤业公司所属的金隆煤矿的重大劳动安全事故，向湾田煤业公司索要贿赂400万元。为了得到该400万元，杨德林将其所有的60万元转账至湾田煤业公司作虚假"入股"。后因杨德林涉嫌犯滥用职权罪被调查，该400万元才未实际取得。法院认为杨德林向他人索贿400万元的行为符合受贿罪权钱交易的本质特征，构成受贿罪，但系犯罪未遂，依照《刑法》第23条第2

款的规定,可以比照既遂犯从轻或者减轻处罚。

【法条链接】《刑法》第 23、385、397 条

【法理分析】 国家工作人员掌握有公务上的一定权力,各型各类企业在发展过程中难免遇到困难与麻烦,但切忌触碰法律底线,向国家工作人员行贿。否则,这不仅会形成官商勾结、权钱交易的不良风气,损害平等公正的社会营商环境,更是将自身置于法律的高压电网之上,毕竟"受贿固可耻,行贿亦难逃"。行贿罪和受贿罪作为刑法上的一对对合犯,存在犯罪未遂的情形。厘清违规受礼与受贿行为的界限应当从是否具备"权钱交易"的特征、收受财物一方有无"为他人谋取利益"、有无上下级或行政管理关系以及财物的价值三个方面进行分析。再通过未遂标准,即犯罪分子已经着手、犯罪未得逞、未得逞是由于犯罪分子意志以外的原因三个方面进行辨析。本案中,被告人杨德林提出索贿要求并经对方答应后,用自己的 60 万元作为虚假"入股",其实已经着手实行犯罪,但由于意志以外的原因,即因涉嫌滥用职权罪被调查而未得逞。因此,杨德林的行为应当构成受贿罪,但作为未遂犯可以比照既遂犯从轻或减轻处罚。

20. 科技工作者与他人合作完成犯罪的情况下各方如何定罪处罚？

科技工作者与他人合作完成犯罪属于共同犯罪，应当按照共同犯罪的处罚规则判定。共同犯罪的底层逻辑为："违法是连带的，责任是个别的。"《刑法》第 25 条第 1 款规定："共同犯罪是指二人以上共同故意犯罪。"从分工来看，共同犯罪分为教唆犯、帮助犯、实行犯。教唆犯、帮助犯统称狭义共犯（广义共犯包括所有参与犯罪的人），其对法益的侵害是间接性的；实行犯又称正犯，其对法益的侵害是直接性的。

共同正犯是指一起实施实行行为，共同制造违法事实，其成立条件是：具有参与意识，实施实行行为。间接正犯是指不亲自实施犯罪，而是利用他人犯罪，将他人作为犯罪工具加以支配。教唆犯是指故意引起他人制造违法事实，包括通过物理作用和心理作用引起正犯的违法行为。帮助犯是指故意促进他人制造违法事实，同样包括通过物理作用和心理作用促进正犯的违法行为。

21. 利用他人实施犯罪行为的是间接正犯还是教唆犯？

【案例】 "李鹏诈骗罪"① 一案中，被告人李鹏于 2011 年至 2012 年期间，谎称自己具有高官子弟的身份，骗取王某的信任，使王某相信其能够帮助办理北京户口。王某跟冯明某等被害人说认识的高官子弟有办理北京户口的能力，并收取邱俊某、吴某某、郏慧某、冯明某给予的人民币共计 100 万元，后将部分钱款交给李鹏。法院认定被告人李鹏曾因犯诈骗罪被刑事处罚，仍不思悔改，虚构事实骗取他人财物，且数额特别巨大，其行为侵犯了合法的财产所有权，已构成诈骗罪，依法应予刑罚处罚。

【法条链接】 《刑法》第 25、266 条

【法理分析】 在工作和生活中，明辨是非的能力必不可少，一时失察不但有可能失去名誉、财产等个人权益，也可能被犯罪分子利用，成为其手中的犯罪利刃，抑或是被认定为共同犯罪人。间接正犯与教唆犯存在一些共同的特征，都是行为人利用他人间接实施犯罪行为，在司法实践中不易区分。但二

---

① 参见北京市第二中级人民法院（2016）京 02 刑终 78 号刑事裁定书。

者仍存在以下几个方面的区别：首先，间接正犯属于正犯，教唆犯属于狭义的共犯，间接正犯与被利用人之间不存在共同的故意犯罪，教唆故意是共犯的故意。其次，间接正犯中被利用人不具有可责性。最后，间接正犯中被利用人没有支配实行行为。本案中，被告人李鹏骗取了王某的信任，通过王某实施诈骗行为骗取他人财物。因王某是受李鹏蒙蔽和利用，并没有实际支配骗取他人财物的实行行为，且在主观上缺乏非法占有他人财物的目的，故王某与李鹏没有共同的诈骗故意，王某的行为因缺少犯罪故意也自然不具有可责性。李鹏构成诈骗罪的间接正犯。

第三章 刑罚

1. 科技工作者若是犯罪可能面临什么样的刑事处罚？

刑罚是统治阶级为了维护本阶级利益和统治秩序，由国家审判机关根据刑事立法，对犯罪人适用的一种最严厉的强制方法，故刑罚具有四个属性：政治属性、惩罚属性、法律属性以及目的属性。刑罚的体系是指刑法所规定的并按照一定的次序排列的各种刑罚方法的总和，我国的刑罚体系把刑罚分成主刑和附加刑两大类，并按照这两大类由轻到重进行排列。其中，五种主刑为管制、拘役、有期徒刑、无期徒刑和死刑，四种附加刑为罚金、剥夺政治权利、没收财产和驱逐出境。主刑只能独立适用，不能附加适用，对一个罪不能同时适用两个以上的主刑。附加刑是补充主刑适用的刑罚方法，既可以独立适用也可以附加适用，对一个罪可以同时适用两个以上的附加刑。

2. 同时被判处罚金和没收财产的，是否都需要执行？

【案例】"文小东走私、贩卖、运输、制造毒品罪"① 一案中，二审法院维持原判决对上诉人张某某定罪、主刑部分及容留他人吸毒罪、抢劫罪附加刑部分（即被告人张某某犯运输毒品罪判处有期徒刑十五年；犯容留他人吸毒罪判处有期徒刑一年四个月，并处罚金五千元；犯抢劫罪判处有期徒刑三年，并处罚金五千元；决定执行有期徒刑十八年二个月）。附加刑部分改判上诉人张某某犯运输毒品罪，并处没收个人财产五万元，决定执行没收财产五万元，罚金一万元。

"邓永国、梁武平抢劫、非法持有毒品"② 一案中，二审法院维持原判决对被告人邓永国的定罪及各罪的量刑部分。附加刑部分改判上诉人（原审被告人）邓永国犯抢劫罪，判处死刑，缓期二年执行，剥夺政治权利终身，并处没收个人全部财产；犯非法持有毒品罪，判处有期徒刑一年，并处罚金人民币五千元，决定执行死刑，缓期二年执行，剥夺政治权利终

---

① 参见山东省济南市中级人民法院（2020）鲁 01 刑终 276 号刑事判决书。
② 参见云南省高级人民法院（2018）云刑终 408 号刑事判决书。

身，并处没收个人全部财产。

【法条链接】 《刑法》第34、69条，《最高人民法院关于适用财产刑若干问题的规定》第3条

【法理分析】 罚金刑和没收财产刑均属于附加刑、财产刑，均可单独适用或附加适用。当被告人因一人犯数罪，被同时判处罚金刑和没收财产刑时，应当分情况予以讨论。当被告人同时被判处罚金和没收部分财产时，虽然两种附加刑种类不同，但由于都是财产刑，应当合并执行。如前述案例一，被告人同时被判处罚金一万元和没收财产五万元，最终执行罚金一万元和没收财产五万元。当被告人同时被判处罚金和没收全部财产时，没收个人全部财产当然就囊括了罚金所要支付的财产，这个时候要采用吸收原则，因而应当只执行没收财产刑。如前述案例二，被告人同时被判处罚金五千元和没收个人全部财产，最终执行没收个人全部财产。

3. 受到刑事处罚时在何种情况下可以从宽处理？

刑法是规定犯罪、刑事责任和刑罚的法律规范的总和，因此，刑法所解决的主要问题是定罪与量刑。理论上一般认为，

定罪和量刑是人民法院整个刑事审判活动的两个中心环节。在了解刑罚体系后,量刑是亟待了解的问题之一。量刑又称刑罚裁量,是指审判机关对构成犯罪的人衡量和决定刑罚的活动,其基本原则包括以犯罪事实为根据的原则、以刑法和相关法律法规为准绳的原则以及考虑犯罪的特点和相关刑事政策的原则。

刑罚裁量应当考虑量刑情节、累犯、自首、立功、数罪并罚等规定。量刑情节是指对犯罪分子量刑时,影响刑罚轻重的各种事实。我国量刑情节以量刑情节影响刑罚的轻重为标准区分,具体可以分为免除处罚情节、减轻情节、从轻情节和从重情节。《刑法》第65—66条规定了一般累犯和特别累犯的制度,第67—68条规定了自首和立功的制度。而数罪并罚是指刑法规定的一人犯有数罪,而由审判机关依照刑法规定的原则和方法合并处罚的制度。数罪并罚是按照法定的原则和方法进行的,并非简单地合并相加,是针对一人犯数罪而言的,没有数罪也就没有并罚的问题,且都是发生在刑罚执行完毕以前。相关规定在《刑法》第69—71条。

4. 犯罪后逃跑，在被通缉、追捕过程中主动投案的，能否认定为自首？

【案例】 "张晓杰、李新波等盗窃罪"① 一案中，被告人孟凡程伙同他人共同将被害人赖某的建设银行信用卡盗窃，套现人民币共计43000元并挥霍。法院认定被告人孟凡程的到案经过存在一定的侥幸心理，但是最终选择自动投案，具有自动投案的明知性、主动性和自愿性，且到案后能够如实供述自己的罪行，符合自首的立法本意。成立自首的犯罪分子，可以从轻或者减轻处罚，但本案中的投案方式与积极主动的投案方式应当有所区别，因此法院在量刑时酌情予以考虑。

【法条链接】《刑法》第67条、《最高人民法院关于处理自首和立功具体应用法律若干问题的解释》第1条第1项

【法理分析】 若被告人是因为一时鬼迷心窍、利欲熏心等种种原因才误入歧途触犯刑法，后也及时自首，则给其一个改过自新、重新做人的机会才是明智之举。自首的方式有许多种，但均应当符合自首的自动性、自愿性并如实供述自己的犯

---

① 参见新疆维吾尔自治区乌鲁木齐市天山区人民法院（2020）新0102刑初2号刑事判决书。

罪行为几个关键特征。本案中,被告人的到案过程具有下述几个特征:首先,被告人孟凡程明知公安机关利用其友高某打电话约见,也明知高某一直在公安机关控制下。虽然高某在警察要求电话约见被告人孟凡程时未告知真实情况,但是被告人孟凡程根据亲眼所见的事实,足以作出公安机关欲对其进行抓捕的判断,具有自动投案的明知性。其次,被告人孟凡程能逃而不逃,明知公安机关在指定地点可能对其进行抓捕,而自愿将自己置于公安机关的控制之下,具有自动投案的主动性。再次,被告人孟凡程明知是公安机关约其见面,但在一同前往的路上,并没有逃跑的想法,而是按照公安的要求前往约定地点,配合公安机关的抓捕,具有自动投案的自愿性。最后,被告人孟凡程到案后能够如实供述自己的罪行。因此,被告人孟凡程的行为能够构成自首,依法可以从轻或者减轻处罚。

第四章 分则编

第一节 科技支持篇

1. 什么是"帮信罪"?

【罪名链接】《刑法》第287条之二帮助信息网络犯罪活动罪

"帮信罪"全称为"帮助信息网络犯罪活动罪",是2015年11月起施行的《刑法修正案(九)》的新增罪名。该罪主要指行为人明知他人利用信息网络实施犯罪,为其犯罪提供互联网接入、服务器托管、网络存储、通讯传输等技术支持,或者提供广告推广、支付结算等帮助,情节严重的行为。根据最高人民检察院的数据显示,近年来"帮信罪"已成为我国发案率第三高的罪名。

年满16周岁且具备刑事责任能力的自然人犯前款罪的,处三年以下有期徒刑或者拘役,并处或者单处罚金;单位犯前款罪的,对单位判处罚金,并对其直接负责的主管人员和其他直接责任人员,依照《刑法》第 287 条之二第 1 款的规定处罚。

2. 技术人员的哪些行为可能构成"帮信罪"?

【法条链接】《最高人民法院、最高人民检察院、公安部关于办理电信网络诈骗等刑事案件适用法律若干问题的意见(二)》第 7 条

【法理分析】 明知他人利用信息网络实施犯罪,仍为其提供网络技术支持,属于构成"帮信罪"的典型行为类型之一。实践中,部分科技企业技术人员抱着"赚快钱""炫技能"的想法,认为只要不直接参与犯罪便不会触犯刑法,实则在明知他人实施信息网络犯罪的情况下,仍提供以下技术助攻,便会构成"帮信罪"。

(1) 技术支持类:为他人犯罪提供互联网介入、服务器托管、网络存储、通讯传输等技术支持,例如为网络盗窃和 QQ 视频诈骗制作专用木马程序以及设立钓鱼网站等。

(2) 其他帮助类:为他人犯罪提供广告推广、支付结算等帮助,例如利用社交媒体账号等为电信诈骗团伙推广引流,

为职业"码农"团伙搭建非法"跑分"平台等。

3. 明知他人从事网络诈骗行为而为他人提供软件开发等业务,是否会构成犯罪?

【案例】 上海市浦东新区人民检察院[(2021)沪0115刑初553号案]指控,吴某及其成立的主要经营手机软件开发等业务的科技公司,明知受他人委托开发的虚拟货币交易平台软件,可以直接控制投资者的钱款并限制投资者提现,依然积极开发、维护该平台并收取相关费用15万元,致使被害人被骗金额达820万元。最终,法院认定被告单位及吴某等直接责任人员均构成帮助信息网络犯罪活动罪。

【法理分析】 本案中,科技公司及相关责任人员,主观上明知他人从事网络诈骗行为,且客观上实施了为他人利用信息网络实施犯罪提供软件开发等业务帮助的行为,满足帮助信息网络犯罪活动罪的构成要件,构成犯罪,应当接受刑事处罚。

4. 技术支持行为成立"帮信罪",是否要求主观上对上游犯罪达到"确切明知"的程度?

【案例】 笔者以"帮信罪"中最典型的"电信网络诈骗"和"网络赌博"两大上游犯罪行为为限缩条件,以"帮助信息网络犯罪活动罪"和"共犯"为关键词,并限定"案由:刑事"在威科先行司法案例库中进行检索,最终可得网络公开的 237 个有效案例样本。

【法理分析】 被告人的主观认知程度可分为三个层次:第一,确切型明知,客观上已经足以判定行为人肯定地、确切地明知他人实施的具体犯罪罪名;第二,概括型明知,行为人主观上仅存在明知他人利用网络实施犯罪的概括性认知;第三,事实型明知,行为人仅凭借其个人经验推断上游犯罪人实施犯罪行为的事实,但对他人实施的具体犯罪或犯罪种类事实上的认知,缺乏直接证据证明。

表 1 认定为帮信罪及其上游共犯的被告人主观明知程度

罪名 类型	帮信罪		上游共犯	
	样本数	占比	样本数	占比
确切型明知	48	51.6%	130	90.2%
概括型明知	31	33.3%	8	5.6%
事实型明知	14	15.1%	6	4.2%

由表1可知，技术人员的技术支持行为成立"帮信罪"，并不要求其主观上对帮助上游犯罪必须达到"确切明知"程度。认定为"帮信罪"或上游犯罪共犯的主观要件均以达到较确切的明知程度为要求，但相比之下，认定为"帮信罪"的被告人明知程度明显低于认定为上游犯罪共犯的主观明知程度。认定上游犯罪共犯者，以要求犯罪行为人主观上具备确切型明知为主；而认定"帮信罪"者，以要求犯罪行为人主观上具备概括型明知和事实型明知为主。同时，属于概括型明知和事实型明知的帮助者，司法机关对其主观要件进行认定时，一般结合其认知能力、行为次数和手段等推定其达到"帮信罪"所要求的明知程度。

5. 技术人员的哪些技术支持行为，可直接推知其对他人实施犯罪具备主观明知？

【法条链接】《最高人民法院、最高人民检察院关于办理非法利用信息网络、帮助信息网络犯罪活动等刑事案件适用法律若干问题的解释》第11条

（1）经监管部门告知后仍然实施有关行为的；

（2）接到举报后不履行法定管理职责的；

（3）交易价格或者方式明显异常的；

（4）提供专门用于违法犯罪的程序、工具或者其他技术支持、帮助的；

（5）频繁采用隐蔽上网、加密通信、销毁数据等措施或者使用虚假身份，逃避监管或者规避调查的；

（6）为他人逃避监管或者规避调查提供技术支持、帮助的；

（7）其他足以认定行为人明知的情形。

技术人员实施以上所列为他人实施犯罪提供技术支持或者帮助的行为，可认定其对于上游犯罪行为人利用信息网络实施犯罪的事实是明知的。

6. 是否只有被帮助对象被实际定罪处罚,帮助者的"帮信罪"才能成立?

【法理分析】 通常情况下,"帮信罪"中被帮助对象的行为须构成犯罪,但对此处"犯罪"的理解应为符合《刑法》规定的特定罪名的构成要件即可,不需要达到最终法院实际定罪处罚的状态。

诚然,传统共同犯罪理论要求实施共同犯罪的必须是两个或者两个以上达到法定刑事责任年龄、具有刑事责任能力的人,即对于传统共同犯罪的帮助犯而言其帮助对象需达到能够被独立定罪处罚的程度。然而,结合司法实务,信息网络领域的帮助行为模式具有多发性、累积性、不确定性等特征,严格来说,并不符合传统帮助犯的一般行为模式。加上《刑法》中"帮信罪"的设置,一定程度是将帮助行为正犯化,其成立独立适用的罪名,"帮信罪"所侵犯之法益也并非依附于正犯者所侵犯之法益。因此,"帮信罪"中被帮助对象是否被实际定罪处罚,并不影响帮助者"帮信罪"的成立。例如,被帮助对象的行为符合《刑法》规定的其他构成要件,但由于行为人未达法定刑事责任年龄等原因而最终未被追究刑事责任,这并不阻碍帮助行为实施者"帮信罪"的认定。

7. 涉众型帮助实施网络犯罪活动,无法查证犯罪程度,是否就能躲过刑法制裁?

【法条链接】《最高人民法院、最高人民检察院关于办理非法利用信息网络、帮助信息网络犯罪活动等刑事案件运用法律若干问题的解释》第12条第2款

实施前款规定的行为,确因客观条件限制无法查证被帮助对象是否达到犯罪的程度,但相关数额总计达到前款第二项至第四项规定标准五倍以上,或者造成特别严重后果的,应当以帮助信息网络犯罪活动罪追究行为人的刑事责任。

【法理分析】 涉众型帮助实施网络犯罪活动,主要指"一对多"——被帮助对象人数众多的情形。在适用上述条款时应注意:(1)被帮助的每个上游犯罪行为人的行为均需符合刑法分则特定罪名的构成要件,而并非一般违法行为;(2)帮助者的行为需达到或远高于"情节严重"的程度,即帮助行为本身需具备严重的社会危害性,达到应以刑法独立惩戒的程度。

信息网络时代背景下，在不少帮助信息网络犯罪活动实施的对象是否达到犯罪程度难以查实的情况下，只要被帮助对象实施了符合刑法分则构成要件的行为，无论其最终是否受刑罚处罚，对帮助者而言，虽难以以上游犯罪的共犯论处，但可以适用"帮信罪"加以规制。

第二节 科技维护篇

1. 故意规避技术保护措施的行为，会受到刑法处置吗？

【罪名链接】《刑法》第 217 条侵犯著作权罪

【案例】 刘某于 2020 年 3 月至 7 月期间，以营利为目的，未经著作权人许可，从网上购买破解版密码狗、获取算码器软件、维修手册等作品，并利用互联网等渠道，故意向他人发行提供用于避开技术措施的技术软件，通过信息网络向公众传播医疗设备生产企业享有著作权的算码器软件、维修手册等作品，非法经营数额合计人民币 15 万余元。2023 年 1 月 31 日，被告人刘某因涉嫌侵犯著作权罪被上海市普陀区人民检察院提起公诉。

【法理分析】 侵犯著作权罪以国家著作权管理制度以及他人著作权和与著作权有关的权益为客体,以侵犯著作权和与著作权有关权益为客观要件,同时要求犯罪行为人在主观方面存在故意,且具备营利目的。《刑法修正案(十一)》将"故意避开或者破坏权利人为其作品、录音录像制品等采取的保护著作权或者与著作权有关的权利的技术措施的"行为,纳入侵犯著作权罪的规制范畴,进一步强化了《刑法》与《著作权法》的衔接,同时通过扩大著作权的保护范围,实现《刑法》对著作权更完善的体系性保护。

前述案例中,刘某基于牟取非法利益的初衷,生产、销售与著作权人的作品实质相同的软件,避开著作权人为其软件著作权采取的技术保护措施,严重侵害他人的软件著作权,且涉案软件数量、上下游的涉案人数众多,一定程度上扰乱了医疗设备维修行业的正常秩序。因此,以侵犯著作权罪对其定罪量刑,为依法惩治此类犯罪起到了示范作用,同时警示科技企业技术工作人员应合理正当使用自身技术。

2. 什么是侵犯商业秘密罪中的商业秘密？其具备哪些特征要素？

【罪名链接】《刑法》第219条侵犯商业秘密罪

【法条链接】《刑法修正案（十一）》：《刑法》第219条所称商业秘密，是指不为公众所知悉、具有商业价值并经权利人采取相应保密措施的技术信息、经营信息等商业信息。

【法理分析】 科技是第一生产力，技术创新又是科技进步的动力。因此，科技工作者对于涉及技术创新的商业秘密进行保护至关重要，而判断商业秘密是否成立，是防止他人侵犯商业秘密的前提条件。根据规定，实务中认定商业秘密一般需判断以下三个要素：

（1）秘密性：不为公众所知。权利人请求保护的信息在被诉侵权行为发生时，如果不被所属领域的相关人员普遍知悉和容易获得的，则属于不为公众所知悉。

（2）价值性：具有商业价值。权利人请求保护的信息应当具有现实或潜在的商业价值：前者可根据商业秘密投入的研发成本，支付的许可费、转让费等认定；后者可根据权利人实施该商业秘密获取的收益、利润、市场占有率等综合认定。

（3）保密性：已采取保密措施。例如，签订保密协议或者在合同中约定保密义务；通过章程、培训、规章制度、书面告知等方式对能够接触、获取商业秘密的员工、客户、来访者等提出保密要求；对涉密的厂房、车间等场所限制来访者或者区分管理；以标记、分类、加密、封存、获取人员等方式对商业秘密及其载体进行管理；等等。

3. 侵犯商业秘密的常见犯罪行为有哪些？

【法条链接】《反不正当竞争法》第9条

（1）以不正当手段获取商业秘密，如以盗窃、贿赂、欺诈、胁迫、电子侵入等手段获取权利人的商业秘密；

（2）披露、使用或者允许他人使用以不正当手段获取的商业秘密；

（3）违反保密义务或保守商业秘密的要求，披露、使用或者允许他人使用其掌握的商业秘密；

（4）教唆、引诱、帮助他人违反保密义务或者违反权利人有关保守商业秘密的要求，获取、披露、使用或者允许他人使用权利人的商业秘密；

(5) 通过自行开发研制或者"反向工程"获得侵权信息;

(6) 第三人明知或者应当知晓商业秘密权利人(即商业秘密的所有人和经商业秘密所有人许可的商业秘密使用人)的员工、前员工或者其他单位、个人实施以上违法行为,仍获取、披露、使用或者允许他人使用该商业秘密的,视为侵犯商业秘密。

4. 侵犯商业秘密罪的认定中,公众存在获取技术信息的可能,是否就意味着商业秘密保密性的丧失?

【案例】 (2017)苏 02 刑终 38 号案中,A 公司虽未明确公开涉案产品,但该产品已销售给多家单位,且外来人员均能够无阻碍顺利进入安置有涉案产品的厂区进行现场勘验、拍照。法院认定,虽然涉案产品未明确公开,但其已经处于不特定主体想购买即可购买的状态,只要被出售的设备使秘点技术内容处于公众想得知就能够得知的状态,即为使用公开。因此,涉案产品未达到刑法对合理的保密措施所要求的保密性程度,被告人不构成犯罪。

【法理分析】 判断技术信息是否具备侵犯商业秘密罪所

要求的保密性，关键需审查：（1）技术权利人是否采取了保密措施；（2）技术权利人所采之保密措施是否达到足以防止商业秘密泄露的程度。前述案例中，无证据证明 A 公司在对外销售涉案产品时设置身份障碍或选择特定客户，相关公众存在从已出售的技术信息载体中获取商业秘密的可能，其声称的商业秘密已然丧失刑法意义上的保密性。对于"不为公众所知悉"要件的判断，判断标准是既不能"普遍知悉"，也不能"容易获得"。只要公众存在获取技术信息的可能性，无须实际取得特定的技术信息，至少已可判定权利人所采之保密措施未达到足以防止商业秘密泄露的程度。这种情况下，对于侵犯涉案技术信息行为人便丧失了刑事规制的可能。因此，科技公司应注意：没有采取保密措施或者保密措施采取不当，均可能对案件定性产生实质影响。

5. 对商业秘密进行修改后使用，或者根据商业秘密调整、优化、改进有关技术生产活动，是否仍构成侵犯商业秘密罪？

【**案例**】（2019）冀 0291 刑初 5 号案中，被告人及其辩护人辩解,虽然被告人离职时从原公司带出了技术资料,但其在入职新公司后并未抄袭使用,而是利用脑海中的专业技术知识重新编写,因此与原公司商业秘密并无关联。法院认为,如果不能提交行为人在新公司自行研制的相关证据,则这种辩解与科学规律相悖。

【法理分析】 侵犯商业秘密罪"以不正当方式使用商业秘密"这一行为构成要件中的"使用",主要包括三种类型:(1)在生产、经营等活动中直接使用商业秘密;(2)在商业秘密的基础上,进一步修改、改进后再进行使用;(3)根据权利人的商业秘密,相应调整、优化、改进与之有关的生产经营活动。类似前述案例中,根据权利人研发或研发失败所形成的数据、技术资料等商业秘密,以及研发过程中形成的阶段性成果商业秘密等,相应地优化、调整研发方向再生产的技术活动,均系违法"使用"行为。一项技术的发展需经历从初始到成熟,再到具备实际应用价值,这个过程需要反复试炼,不可能一蹴而就。因此,若行为人无法提出证据证明其自行研制的相关证据,仅以"对原有商业秘密调整、优化、改进"进行辩护,难以排除取他人之成果,实则行不当竞争的嫌疑,该类行为仍应认定为侵犯商业秘密罪。

6. 是否只有给商业秘密权利人造成"重大损失"的实害结果,才构成侵犯商业秘密罪?

【法条链接】《刑法修正案(十一)》对侵犯商业秘密罪条文入罪门槛进行了修改完善,将原先规定的"给权利人造成重大损失""造成特别严重后果"修改为"情节严重""情节特别严重"。

【案例】(2021)冀0110刑初9号案中,法院认为,被告人高某朝在担任公司研发部经理期间,利用职务便利,采用盗窃手段获取权利人的商业秘密,给权利人造成重大损失,其行为构成侵犯商业秘密罪。鉴于被告人高某朝在获取权利人商业秘密后尚未披露、使用或允许他人使用,并取得了被害公司的谅解,可以酌定从轻处罚。

【法理分析】 司法实践中,诸多商业秘密纠纷均缘起于涉密技术人员违反保密要求将商业秘密带离单位的行为,需要注意的是,并非只有当带离行为已然造成权利人"重大损失"的实害后果时,才能以侵犯商业秘密罪对行为人定罪处罚。前述"带离"行为通常呈现两种情形:(1)单纯持有,不作他用;(2)对外泄露,带离后又披露、使用或允许他人使用。

后者必定给商业秘密权利人造成实际损失并无异议，但前者致使涉密信息脱离原单位控制，属于违反保密义务的行为，却不一定必然给商业秘密权利人造成实际损失。鉴于《刑法修正案（十一）》对侵犯商业秘密罪的构罪要件的修改，使得该罪由结果犯转变为情节犯，不再要求"给权利人造成重大损失"，只要满足"情节严重"这一定量要素就可构成该罪。因此，例如前述案例中单纯地非法获取商业秘密的行为也能以侵犯商业秘密罪进行规制，只是考虑到无"披露、使用或允许他人使用"的后续行为，若得到商业秘密权利人的谅解，可对犯罪行为人酌情减轻量刑。

第三节 科技研发篇

1. 自愿的精卵交易是否合法？是否可能构成非法经营罪？

【罪名链接】 《刑法》第 225 条非法经营罪

【法理分析】 我国《人类辅助生殖技术管理办法》第 3 条规定："人类辅助生殖技术的应用应当在医疗机构中进行，

以医疗为目的，并符合国家计划生育政策、伦理原则和有关法律规定。禁止以任何形式买卖配子、合子、胚胎。医疗机构和医务人员不得实施任何形式的代孕技术。"因此，即使是自愿的精卵交易，也仍然是违法的。公民个人之间自愿签订的买卖精卵协议，往往因涉嫌以合法形式掩盖非法目的而被认定为无效合同。

此外，自愿的精卵交易当事人虽然符合我国《刑法》规定的非法经营罪中"非法经营行为""扰乱市场秩序""情节严重"的构罪要件，但由于我国对于精卵商业化行为仅以部门规章（即《人类辅助生殖技术管理办法》）进行规制，因此并不符合非法经营罪"违反国家规定"这一构罪要件，故难以成立本罪。值得一提的是，交易双方当事人虽难以构成非法经营罪，但仍可能面临其他刑事法律风险，详见后文。

2. 罔顾生命健康与安全引诱他人开展精卵交易，是否可能构成故意伤害罪？

【罪名链接】《刑法》第234条故意伤害罪
【法理分析】 罔顾生命健康与安全引诱他人开展精卵交

易的行为可能构成故意伤害罪。精卵提取手术是精卵交易的必经步骤，而目前医学上认定精卵提取技术属于一种侵袭性手术，极易对供者造成健康损害，例如为促进排卵而使用激素类药物，容易过度刺激卵巢，引发输卵管堵塞，造成不孕、宫外孕等多种并发症。鉴于直接故意或间接故意均可构成故意伤害罪，因此对于精卵提取手术操作技术人员而言，漠视取卵过程中对供者身体与精神的呵护，而只在意取卵结果，放任精卵供者出血、感染等身体伤害的发生，则成立本罪。此外，对于中介机构而言，若其罔顾生命健康与安全，引诱他人至无相关资质的医疗诊所接受提取精卵手术，最终导致他人因手术而受到身体伤害（达到轻伤或重伤程度），则其主观上亦属于认识到自己的行为会发生致人轻伤以上的伤害结果，却依旧放任危害结果发生，因而满足故意伤害罪的成立条件。

3. 非法实施提取精卵手术的人员是否可能构成非法行医罪？

【罪名链接】《刑法》第336条非法行医罪

【案例】 2021年1月19日，广州市白云区人民法院公布案例：年仅 17 岁的梁某欲以 1.5 万元的价格出卖卵子，后经中介邓某、赖某所在公司安排取卵手术。期间，邓某、赖某陪同梁某进行面试、体检、打促排卵针等，后梁某被带至一无名别墅进行取卵手术。经鉴定，梁某双侧卵巢破裂，损伤程度为重伤二级。最终，法院以非法行医罪判处邓某有期徒刑一年；赖某有期徒刑 10 个月。

【**法理分析**】 非法行医罪保护的法益为卫生管理秩序。以前述案例为例，犯罪行为人成立该罪，主要依据以下三方面的构成要件特征：（1）行为主体特殊化：犯罪行为人为未取得从业资格而从事医疗工作者；（2）犯罪行为特定化：犯罪行为是针对"人"所从事的医疗活动（包括诊断治疗、改善生理机能行为等），如前述案例中实施提取精卵手术；（3）损害结果实质化：以非法行医行为为直接、主要原因"严重损害就诊人身体健康"，如前述案例中，正是由于被害人在无资质场所接受了无医疗资质人员实施的精卵提取手术，才导致其达到重伤二级。此外，需要注意的是，纯粹的科研行为并不构成该罪。

4. 刑法上如何评价实施试管婴儿手术的技术人员偷换精子的行为？

【罪名链接】《刑法》第266条诈骗罪

【法理分析】 针对实施试管婴儿手术的技术人员偷换精子的行为，首先，其不构成强奸罪或强制猥亵妇女罪。因为技术人员并不是直接以侵犯他人性自主权的方式替换的精子，而是以医学上被认可的方式开展的试管婴儿手术。其次，鉴于导致他人怀孕的结果难以直接认定为是对他人身体健康的侵害，在技术人员未额外施加任何物理作用致使患者的生命、身体、自由、财产等被刑法所保护的法益受到侵害的情况下，该行为也不构成故意伤害罪。

但是，该行为可能构成诈骗罪。若技术人员在实施试管婴儿手术前，便已计划替换精子，且后续的确实施了替换行为，则其实际诈骗了被害人夫妇缴纳的手术费用。虽然该手术费用可能不由技术人员占有（可能由其所属机构占有），但诈骗罪的非法占有目的，既包括为自己占有，也包括为他人占有，因此并不阻碍诈骗罪的成立。

此外，技术人员替换精子的行为侵犯了患者夫妻双方的生育权,《刑法》上虽然并未设置独立罪名单独保护该类法益,但在不构罪的情况下,可通过《民法典》第七编对于侵权责任的相关规定追究行为人的民事责任。

5. 技术人员将经过基因编辑的胚胎植入人体内,是否构成犯罪?

【罪名链接】 《刑法》第336条之一非法植入基因编辑、克隆胚胎罪

【案例】 2018年11月26日,贺某某在"第二届国际人类基因组编辑峰会"召开前一天对外界公布,世界首例利用CRISPR/Cas9技术获得艾滋病免疫的基因编辑婴儿已于当月在中国顺利诞生。2019年12月30日,深圳市南山区人民法院以非法行医罪,追究贺某某因非法实施以生殖为目的的人类胚胎基因编辑和生殖医疗活动行为的刑事责任。

【法理分析】 广东省"基因编辑婴儿事件"调查组查明,上述事件系贺某某为追逐个人名利,自筹资金,蓄意逃避监管,私自组织有关人员,实施国家明令禁止的以生殖为目的的人类胚胎基因编辑活动。碍于当时《刑法修正案(十一)》

并未出台,法院以非法行医罪对犯罪行为人加以规制。而后,《刑法修正案(十一)》将非法植入基因编辑胚胎行为纳入刑法规制,认定"将基因编辑、克隆的人类胚胎植入人体或者动物体内,或者将基因编辑、克隆的动物胚胎植入人体体内,情节严重的"构成犯罪。前述案例中,贺某某实施的行为忽视了科学技术研究和创新的禁区,其安全性及有效性均难以确定,同时基因编辑易引发不可知的遗传风险、人权被侵害的风险以及人被歧视与物化的风险。又鉴于贺某某也不存在诸如正当防卫、紧急避险、被害人同意等可排除行为违法性的事由,以及诸如缺乏责任能力或期待可能性等可排除刑事责任的事由,因此,现今对于该类行为可以非法植入基因编辑、克隆胚胎罪判处。

6. 制作网络游戏外挂并销售牟利,是否触犯刑法?

【罪名链接】《刑法》第285条第3款提供侵入、非法控制计算机信息系统程序、工具罪

【案例】(2020)苏0703刑初32号案中,被告人司某某非法编写对"大话西游2"游戏具有破坏性的"新V＊＊.exe"

"新神鹰.exe"游戏外挂程序,并出售给多家平台。司某某本身就和诸多平台有长期稳固的合作关系,借此大量牟利,最终被判处提供侵入、非法控制计算机信息系统程序、工具罪。

【**法理分析**】 网络游戏外挂主要可分为两类:一是良性辅助类游戏外挂,即并没有突破使用者自己对电脑的控制而侵入游戏程序后台,其操作运行的逻辑仍根植于使用者自身的电脑;二是恶性作弊类游戏外挂,即通过篡改、伪造数据侵入游戏服务器,造成游戏程序后台实质性破坏。

前者本质上是将游戏中一些重复、枯燥的操作由外挂自动完成,对于网络游戏程序本身并没有产生破坏,理论上不应纳入刑法规制;而后者在未经游戏开发商授权的情况下,利用非法编程,破坏了正常的网络游戏环境,便可能触犯刑法。例如,前述案例中,法院查明司某某制作、销售的外挂属于超规格的数据修改类外挂,其主观上对自身制作外挂行为的危害性清楚知晓,且客观上严重损害游戏的公平性,不仅损害了其他玩家和运营商的利益,也破坏了网络空间的正常秩序与网络经济的健康发展,应当以刑法加以规制。

7. 将自己制作的网络游戏外挂免费提供其他玩家使用，是否构成犯罪？

《最高人民法院、最高人民检察院关于办理危害计算机信息系统安全刑事案件应用法律若干问题的解释》（以下简称《计算机信息系统安全解释》）第3条规定："提供侵入、非法控制计算机信息系统的程序、工具，具有下列情形之一的，应当认定为刑法第二百八十五条第三款规定的'情节严重'：(一) 提供能够用于非法获取支付结算、证券交易、期货交易等网络金融服务身份认证信息的专门性程序、工具五人次以上的；(二) 提供第（一）项以外的专门用于侵入、非法控制计算机信息系统的程序、工具二十人次以上的……"也就是说，虽然个别玩家可能并无通过销售网络游戏外挂非法牟利的主观意图，仅仅是出于炫技等目的制作了游戏外挂，但不论其属于有意还是无意致使游戏外挂外流，不论其制作的网络游戏对外是有偿提供还是无偿提供，只要使用人数达到20人次以上，罪名即告成立。

8. 制作网络游戏外挂必须同时满足"使用者 20 人次以上"和"获利 5000 元以上"才构成犯罪吗？

《计算机信息系统安全解释》第 3 条规定："提供侵入、非法控制计算机信息系统的程序、工具，具有下列情形之一的，应当认定为刑法第二百八十五条第三款规定的'情节严重'……（四）明知他人实施第（三）项以外的侵入、非法控制计算机信息系统的违法犯罪行为而为其提供程序、工具二十人次以上的；（五）违法所得五千元以上或者造成经济损失一万元以上的……"由前述法条"具有下列情形之一"的表述方式可知，只要满足"使用者 20 人次以上"或"获利 5000 元以上"其中一个，即可认定构成《刑法》第 285 条第 3 款罪名所要求的"情节严重"要件。并非只有同时满足"使用者 20 人次以上"和"获利 5000 元以上"才构成犯罪，更不需要满足《计算机信息系统安全解释》第 3 条所列的全部情节。因此，部分犯罪嫌疑人被抓后声称"我的外挂卖得很便宜，才赚了五六千块钱，获利不多，情节不严重，还够不上犯罪"的狡辩不能成立。

第四节 科技传播篇

1. 在技术证书已过期的情况下,仍使用该证书进行广告宣传,会触犯刑法吗?

【案例】 某热能技术有限公司在"上海名牌"证书有效期已到期的情况下,仍在其生产的产品上使用印有"上海名牌"质量标志的包装箱进行包装;同时,在其公司网站上宣传"公司产品通过了ISO9001质量认证、ISO14001环保认证及欧盟CE认证等相关认证",但实际无法提供该些证书且未取得过该些"环保认证"。法院认定,该公司作为广告主,违反国家规定,利用广告对商品或者服务作虚假宣传,情节严重,应当以虚假广告罪追究刑事责任。

【罪名链接】《刑法》第222条虚假广告罪

【法理分析】 广告主、广告经营者、广告发布者违反国家规定,利用广告对商品或者服务作虚假宣传,情节严重的,成立虚假广告罪,处二年以下有期徒刑或者拘役,并处或者单处罚金。成立该罪需满足以下四个要件:(1)客体要件:行为侵害社会主义市场经济条件下正常的交易、竞争活动;(2) 客观要件:行为人违反国家广告管理法规,实施了情节严重的虚假广告行为;(3) 主体要件:广告主、广告经营者和广告发布者这三类特殊主体;(4) 主观要件:行为人具备主观故意,而非过失为之。例如,前述案例中"在技术证书已过期的情况下,仍使用该证书进行宣传"的行为,属于作虚假宣传,诱使购买者购买后实际无法实现所宣传的商业目的,给购买者造成重大经济损失,影响社会正常秩序,造成恶劣社会影响,情节严重,应当以虚假广告罪进行规制。

2. 利用 ChatGPT 杜撰假新闻,赚取流量加以变现,构成何罪?

【案例】 中国首例 ChatGPT 犯罪:东莞洪姓男子搜寻了近年来中国讨论度高的社会新闻,随后利用 ChatGPT 将特定元素如时间、地点、日期或性别等进行修改,重新撰成一篇假新闻,借由上传文章让账号赚取流量再加以变现。警方表示,洪姓男子编造假新闻并散布在网络上供人大量浏览的行为,已涉嫌寻衅滋事罪,因此对其采取刑事强制措施,最高可判处五年有期徒刑。

【罪名链接】《刑法》第293条寻衅滋事罪

【法理分析】《最高人民法院、最高人民检察院关于办理利用信息网络实施诽谤等刑事案件适用法律若干问题的解释》(以下简称《网络诽谤解释》)第5条第2款规定："编造虚假信息，或者明知是编造的虚假信息，在信息网络上散布，或者组织、指使人员在信息网络上散布，起哄闹事，造成公共秩序严重混乱的，依照刑法第二百九十三条第一款第（四）项的规定，以寻衅滋事罪定罪处罚。"前述案例中，犯罪行为人利用ChatGPT杜撰假新闻，赚取流量加以变现，造成公共秩序严重混乱，应当以该罪定罪量刑。

值得一提的是，鉴于传统的寻衅滋事罪针对的是现实空间公共场所内的犯罪，会有人产生"利用信息网络实施的行为难道也能定性为寻衅滋事罪"的疑问。关键在于如何理解"造成公共秩序严重混乱"。根据《刑法》规定的寻衅滋事罪的四种情形，其中第2项所列举的"辱骂恐吓"通过网络实施亦可实现，且借助信息网络实施此类行为，往往因为传播范围广、速度快、更具隐蔽性等，社会现实危害性更大。因此，《网络诽谤解释》将类似的足以引起社会恶劣影响的网络犯罪行为以寻衅滋事罪定罪处罚具备正当性。此外,《网络诽谤解释》以"造成公共秩序严重混乱"与传统寻衅滋事罪"造成公共场所秩序严重混乱"的界定加以区分,实际上已将网络空间的寻衅滋事行为与具象场所的寻衅滋事进行分隔,肯定了信息网络成为公共场所新的形式与载体。

3. 擅自使用他人发明专利号,将产品冒充为专利产品,是否需承担刑事责任?

【案例】 (2015)通中知刑初字第0001号案中,被告人张某原为案涉专利权人陆某经营的某化工厂的业务人员,离职后注册新公司,生产、销售锅炉清灰剂。自2008年始,为增加销售量,张某制作的产品宣传册及网页中均添加了发明专利号,与陆某申请的尚处有效期内的炉窑添加剂发明专利号完全相同。张某借此宣传共销售锅炉清灰剂65吨,销售金额共计491750元,法院认定其构成假冒专利罪。

【罪名链接】《刑法》第216条假冒专利罪

【法理分析】 技术宣传是科技工作中将技术推向大众的关键一环,为了增加销量,不少科技公司会选择宣传专利,以吸引更多关注。然而，若为了增加销量而冒用他人专利，则不仅需接受行政处罚及民事追偿，还可能触犯刑法，需承担刑事责任。例如，前述案例中，被告人张某未经专利权人许可，擅自在其生产产品的宣传册和公司网页上使用专利权人的发明专利号，将产品冒充为专利产品，易使社会公众产生误认，侵害了专利权人的合法权益，且危害国家对专利的管理制度，情节严重，构成假冒专利罪，应接受刑事处罚。

4. 伪造AI视频骗过"人脸识别"，只是炫技？还是构成犯罪？

【案例】 犯罪行为人从上家郑某手中购得与个人信息相匹配的高清身份证照片，利用照片制作人脸识别动态视频（比如眨眨眼、点点头）卖给下家，从中赚取差价牟利。截至案发，郑某等人出售公民个人信息2000余条，造成了大量公民个人信息被泄露甚至冒用，严重侵害了众多公民的个人信息安全，且扰乱了正常的社会管理秩序，损害了社会公共利益，法院认定构成侵犯公民个人信息罪。

【罪名链接】 《刑法》第 253 条侵犯公民个人信息罪

【法理分析】 随着深度伪造技术的兴起，不少技术人员能够实现通过伪造 AI 视频骗过"人脸识别"，而在其为自身技术高超而洋洋自得的同时，殊不知已落入违法犯罪的陷阱。例如，前述案例中，犯罪行为人从网络空间非法获取众多人脸信息，利用"AI 换脸"等深度合成技术非法处理、制作视频并用作骗过"人脸识别"的非法用途，使得不特定多数人群在不知情的情况下，就可能被一些软件判定人脸识别成功，造成严重的个人信息泄露隐患。同时，会有人质疑："人脸信息也属于刑法规制的公民个人信息范畴吗？"对此的答案是肯定的。2022 年最高人民法院发布的指导性案例 192 号"李开祥侵犯公民个人信息刑事附带民事公益诉讼案"明确指出："使用人脸识别技术处理的人脸信息以及基于人脸识别技术生成的人脸信息均具有高度的可识别性，能够单独或者与其他信息结合识别特定自然人身份或者反映特定自然人活动情况，属于刑法规定的公民个人信息。"因此，哪怕相关技术人员只是出于炫技的初衷，其伪造 AI 视频骗过"人脸识别"的技术行为明显已符合刑法对侵犯个人信息罪的规定，应以该罪定罪量刑。

5. 利用深度伪造技术克隆他人语音，开展虚假交易，只是玩笑？还是构成犯罪？

【案例】 2019年《华尔街日报》曾报道欺诈者用深度伪造语音技术冒充一家公司的首席执行官诈骗了24万美元。无独有偶，据福布斯报道，2020年年初，阿拉伯联合酋长国的一位银行经理接到了一个他认得声音的人打来的电话——他以前曾交谈过的一家公司的董事，实际却是诈骗分子使用深度伪造技术克隆了董事的语音，最终骗取了银行高达3500万美元转账的批准。

【罪名链接】《刑法》第266条诈骗罪

【法理分析】 深度合成技术的应用场景广泛，甚至开始向违法犯罪领域蔓延，国际上已有多起利用深度合成技术制作具有欺骗性、迷惑性的诱饵，实施财产类犯罪的案例。国内类似犯罪手段亦初露端倪，相关技术人员应警惕，利用深度伪造技术克隆他人语音，并非只是一带而过的玩笑，而是可能成为帮助他人实施诈骗的共犯。例如，前述案例为成立诈骗罪的典型，犯罪行为人以非法占有为目的，通过深度合成技术克隆的他人语音，虚构事实，使得被害人陷入错误认识，处分自己的财产，因被害人的自我处分行为最终导致财产的损失。技术的快速迭代意味着"虚假"越来越"真实"，这也为从事先进科技的技术人员敲响警钟，应守好正当利用、使用技术的底线，警惕不法分子的犯罪陷阱。

6. AI 歌手发布网站任由侵权的 AI 歌手作品散布，是否可能构成犯罪？

【罪名链接】 《刑法》第 286 条之一拒不履行信息网络安全管理义务罪

【法理分析】 近日，大量 AI 歌手的横空出世，在 AI 歌手受到众多追捧的同时，必须关注到该类技术合成 AI 歌手的行为不仅可能造成对歌手姓名权、肖像权等的民事侵权，还可能触犯刑法，构成犯罪。

AI 歌手的基本技术原理是通过深度合成等 AI 技术，以真人歌手的声音演唱不同歌曲，并制作成音频或视频。一旦原唱或原唱歌曲的权利方通知 AI 歌手发布网站相关作品涉嫌侵权，或是部分 AI 歌手存在故意误导、混淆、假冒他人形象、名义的，网站方即形成了"信息网络安全管理义务"——需视情况采取转递通知、临时下架等措施，防止可能的侵权损害扩大。若屡教不改，则 AI 歌手发布网站作为"网络服务提供者"，其行为属于"责令改正而拒不改正"，一旦达到一定的严重情形，不仅需与侵权人共同承担民事连带责任，还可能因不履行法律、行政法规规定的信息网络安全管理义务，经监管部门责令采取改正措施而拒不改正，而导致特定危害结果发生，构成拒不履行信息网络安全管理义务罪。需要注意的是，该罪所涉的"监管部门责令改正"，仅包括以书面形式采取的措施，而不包括仅以口头形式作出的警告。每一个企业以及用户都应确保 AI 技术发展的合规，把握好技术伪造与合法 AI 技术发展的边界，唯有合规先行，才能使得 AI 技术长久而良好地发展。

7. 非法提供"翻墙"服务，且拒不改正，是否构成犯罪？

【罪名链接】《刑法》第 286 条之一拒不履行信息网络安全管理义务罪

【案例】（2018）沪 0115 刑初 2974 号案中，被告人胡某为非法牟利，租用国内外服务器，自行制作并出租翻墙软件，为境内 2000 余名网络用户非法提供境外互联网接入服务。公安局先后多次约谈胡某,责令其停止联网,警告、并处罚款后,胡某仍拒不改正,最终被法院以拒不履行信息网络安全管理义务罪定罪处罚。

【法理分析】 判断提供"翻墙"服务且拒不改正的行为,是否符合拒不履行信息网络安全管理义务罪的入罪门槛,主要审查以下三个要件:

(1) 主体要件:行为人为网络服务提供者

例如,案例中胡某属于"网络接入、域名注册解析等信息网络接入、计算、存储、传输服务"提供者,满足主体要求。

(2) 行为要件:违反信息网络安全管理义务,经监管部门责令改正但拒不改正

例如,案例中胡某违反我国《计算机信息网络国际联网管理暂行规定》《电信条例》等行政法规规定的信息网络安全管理义务,非法经营基础电信业务,经上海市公安局浦东分局责令改正后拒不改正,满足行为要求。

(3) 结果要件:造成法定损害结果或者具有其他严重情节

例如,案例中胡某符合《最高人民法院、最高人民检察院

关于办理非法利用信息网络、帮助信息网络犯罪活动等刑事案件适用法律若干问题的解释》第6条拒不履行信息网络安全管理义务"有其他严重情节"第2项"二年内经多次责令改正拒不改正的"情形，满足结果要求。

综上，根据我国法律规定，任何单位和个人不得自行建立或者使用其他信道进行国际联网；我国对电信业务经营按照业务分类实行许可制度，任何组织或者个人不得未经许可从事电信业务经营活动。因此，非法提供"翻墙"服务，且拒不改正，可能构成拒不履行信息网络安全管理义务罪。

第二部分

中华人民共和国刑事诉讼法

Part II

Criminal Procedure Law of the People's Republic of China

第一章 何谓刑事诉讼法?

1. 什么是刑事诉讼?

刑事诉讼应理解为国家裁判机构在追诉机构(以及自诉人)的追诉活动与被指控者的防御活动之间实施审查,并使双方展开理性争辩与说服,最终判决刑事案件的活动与过程,是实现国家职能的表现形式。作为一个初衷在于追究犯罪的过程,刑事诉讼由一系列的诉讼活动构成。值得指出的是,完整的刑事诉讼包括侦查机关的侦查活动、检察机关的起诉活动、法院的审判活动,还包括犯罪嫌疑人、被告人自始至终进行的防御活动。现代刑事诉讼制度的一个突出特点即强调充分尊重当事人的诉讼权利,强调当事人的参与性。为此,在强调刑事诉讼为国家活动的同时,应当充分重视当事人的活动,特别应尊重犯罪嫌疑人、被告人作为诉讼的一方当事人的诉讼主体地位。

2. 刑事诉讼法的概念及其法律渊源是什么？

刑事诉讼法是规范刑事诉讼活动的基本法律。刑事诉讼法有狭义和广义之分。狭义的刑事诉讼法指国家立法机关制定的成文的刑事诉讼法典；广义的刑事诉讼法指一切与刑事诉讼有关的法律规范，即刑事诉讼法的各类法律渊源，在我国的法律体系中表现为《宪法》《刑事诉讼法》及其关联法律、立法解释与司法解释等法律解释、国际公约与准则。

（1）狭义的刑事诉讼法即《刑事诉讼法》

狭义的刑事诉讼法是指刑事诉讼法典，即全国人民代表大会1979年通过，1996年、2012年、2018年三次修正的《刑事诉讼法》。这部法典是我国刑事诉讼规范的主要载体，是刑事诉讼遵循的基本规范。理论界、实务界提及刑事诉讼法时，通常就是指的这一狭义的刑事诉讼法典。

（2）宪法性法律渊源以及宪法与刑事诉讼法的关系

宪法是一国母法、根本大法；刑事诉讼法是部门法，是基本法律。宪法与刑事诉讼法关系密切：宪法是刑事诉讼法的指导，有的国家将刑事诉讼法的规定上升到宪法的高度。因为宪法规定了公民权利和政治权利，而刑事诉讼法则是国家追诉犯罪的具体法律规范，涉及公民权利和政治权利的限制或剥夺。刑事诉讼法关涉公民的自由等基本权利，与宪法规定的人身自由、财产权利等基本权利的实现有紧密联系。

（3）刑事诉讼法与关联法律法规

刑事诉讼法必须与其他部门法配合起来才能实现规范刑事诉讼活动的目标。刑事诉讼法本身主要规定的是诉讼活动与刑事程序，但诉讼活动与刑事程序的良好运转仍然需要其他部门法的支撑、配合。我国《刑事诉讼法》的关联法律法规主要包括《刑法》《监察法》《人民法院组织法》《人民检察院组织法》《法官法》《检察官法》《人民警察法》《律师法》《监狱法》《治安管理处罚法》《预防未成年人犯罪法》《未成年人保护法》等法律，以及国务院颁布的《看守所条例》《法律援助条例》等行政法规。

（4）刑事诉讼法的法律解释

根据有权解释的主体的不同，我国刑事诉讼法的法律解释包括立法解释、司法解释以及行政解释。这些司法解释、行政解释在条文数量上大多超过《刑事诉讼法》，其解释体例都是类似法典化的解释：法律有规定的，解释中加以引用；法律没有规定的，解释中作补充规定。立法机关也开始逐步通过立法解释的方式对法律进行解释。例如，2014年第十二届全国人大常委会第八次会议通过了对《刑事诉讼法》第79条第3款、第271条第2款、第254条第5款的立法解释。

（5）国际公约、条约与准则

中国参加并批准了一系列联合国有关刑事司法的国际公约与准则，这些国际法上的原则、规则对缔约国具有拘束力。

3. 刑事诉讼法的目的和任务是什么？

（1）刑事诉讼法的目的

《刑事诉讼法》第1条规定："为了保证刑法的正确实施，惩罚犯罪，保护人民，保障国家安全和社会公共安全，维护社会主义社会秩序，根据宪法，制定本法。"

（2）刑事诉讼法的任务

《刑事诉讼法》第2条规定："中华人民共和国刑事诉讼法的任务，是保证准确、及时地查明犯罪事实，正确应用法律，惩罚犯罪分子，保障无罪的人不受刑事追究，教育公民自觉遵守法律，积极同犯罪行为作斗争，维护社会主义法制，尊重和保障人权，保护公民的人身权利、财产权利、民主权利和其他权利，保障社会主义建设事业的顺利进行。"根据这一规定，刑事诉讼法的任务包括以下三个方面：

第一，保证准确、及时地查明犯罪事实，正确应用法律，惩罚犯罪分子，保障无罪的人不受刑事追究。刑事诉讼法的首要任务，就是保证准确、及时地查明犯罪事实。刑事诉讼法是规定处理刑事案件程序的法律，是从程序方面来保证准确、有效地打击犯罪。对于查明犯罪事实，刑事诉讼法提出了准确、及时的要求。所谓准确，就是做到整个案件事实清楚，准确可靠，证据确凿，没有任何差错；所谓及时，就是在法定期间内，抓紧时间，尽快办案。要实现刑事诉讼法的惩罚犯罪和保护人民的任务，还需要在准确、及时地查明犯罪事实的基础上，正确应用法律。犯罪嫌疑人、被告人是否犯罪，犯什么罪，应该受到什么样的惩罚，都需要严格依照法律来认定。

第二，尊重和保障人权。首先，"尊重和保障人权"是刑事诉讼基本任务，是人民法院、人民检察院、公安机关、司法行政机关、刑事裁判执行机关等均须遵守的总任务之一，与之相应的各项具体诉讼制度和诉讼程序都不得与之相违背。要提升犯罪嫌疑人、被告人的诉讼主体地位，保障犯罪嫌疑人、被告人和罪犯的权利；保障刑事诉讼中的被害人、辩护人、诉讼代理人等所有诉讼参与人的合法权利。

第三,教育公民自觉遵守法律,积极同犯罪行为做斗争。教育公民遵守法律,积极同各种犯罪行为做斗争,是刑事诉讼法的重要任务。人民法院、人民检察院、公安机关正确处理刑事案件,惩罚犯罪分子,对公民有很大的教育作用。

刑事诉讼法上述三个方面的任务是互相联系、不可分割的整体,只有全面、完整地了解这三方面的任务,才能实现惩罚犯罪、保护人民、保障人权、保障国家安全和社会公共安全、维护社会主义法制、保障社会主义经济建设顺利进行的目的。

(3) 目的与任务的关系

我国刑事诉讼法的制定目的与任务是紧密联系的:刑事诉讼法的制定目的从宏观角度着眼,构建了刑事诉讼法的使命;刑事诉讼法的任务则从微观角度建构了具体应完成的任务。

4. 何谓刑事诉讼构造?刑事诉讼构造的类型有哪些?

刑事诉讼构造又称刑事诉讼形式或者刑事诉讼结构,是指由一定的诉讼目的所决定的,控诉、辩护和裁判三方在刑事诉讼中的地位和相互关系。刑事诉讼构造是实现刑事诉讼目的的方式，刑事诉讼目的的实现状况在某种意义上又取决于刑事诉讼构造的设计。

(1) 近代以前的类型

第一，弹劾式诉讼。弹劾式诉讼伴随着国家、法律的产生以及国家权力开始介入犯罪的处理过程而出现。由于阶级社会产生之初的国家权力机器尚不发达，加之犯罪被视为只是加害人与被害人个体之间的冲突，因此当时的刑事诉讼类似于民事诉讼，国家并不介入起诉问题。没有国家追诉机关，诉讼由被害人或者其他人提出控告，实行不告不理原则，没有被害人或者其他人的控告，法官就不能进行审判；被害人和加害人诉讼地位平等，共同主导着诉讼进行和结局，由行政官员担当的裁判者居中听审并作出裁断；对于疑难案件的处理，实行神示证据制度，法官求助于神灵的启示来认定事实和判断双方的是非曲直。

第二，纠问式诉讼。纠问式诉讼构造的基本特征是：不再实行不告不理原则，即使没有被害人或者其他人的控告，担当裁判者的行政官员也可以依职权主动追究犯罪，控诉职能与审判职能合一行使；当事人特别是被告人的诉讼地位客体化，沦为被拷打、逼问的对象，刑讯合法化和制度化，原告和证人也可以被刑讯；侦查和审判都秘密进行，实行书面审理方式；实行法定证据制度，证据的种类、运用和证明力大小均由法律预先规定，法官在审理案件过程中不得自由评断和取舍。

（2）职权主义诉讼

职权主义诉讼是以纠问式诉讼为主、弹劾式诉讼为辅加以改造后创制的一种刑事诉讼构造，主要实行于近现代的法国、德国等大陆法系国家。职权主义诉讼比较注重发挥警察机关、检察机关和审判机关在刑事诉讼中的职权作用，以更高效地发现案件真相，控制犯罪，保障人权。它的主要特点是：侦查机关主导着侦查活动的开展，负责收集证据，犯罪嫌疑人一方几乎不进行事实调查；提起公诉遵循较为严格的起诉法定主义原则；法官始终扮演着法庭审理过程中的主角。

（3）当事人主义诉讼

当事人主义诉讼又称对抗式诉讼，是以弹劾式诉讼为主、纠问式诉讼为辅加以改造后创制的一种刑事诉讼构造，主要实行于近现代的英国、美国等英美法系国家。当事人主义诉讼相信一个在法庭审判中消极、被动而且在庭审之前严格制约着侦、控人员的法官角色更有利于查明案件的真相，确保被告人的基本权利，因而比较强调控、辩双方当事人在诉讼进行中的主体地位。它的特点是：在侦查程序中，侦查机关与犯罪嫌疑人一方都是地位平等的当事人；提起公诉遵循起诉便宜主义原则；控辩双方是庭审活动的主角。

（4）混合式诉讼

混合式诉讼是兼采职权主义诉讼和当事人主义诉讼的因素形成的，主要实行于第二次世界大战以后的日本、意大利等国家。它的主要特点是：借鉴当事人主义诉讼的理念和做法，强化诉讼中控辩双方的平等对抗，加大被追诉人及其律师的辩护活动对诉讼过程和诉讼结局的影响力；保留了职权主义诉讼中法官依职权主动调查证据的传统，发挥法官在探知案件事实、发现案件真相方面的积极作用。

5. 我国的刑事诉讼构造及其特征是什么？

中华人民共和国第一部《刑事诉讼法》确立了一种可称为强职权主义的刑事诉讼构造，较之于大陆法系职权主义诉讼，更为强调犯罪的控制和国家专门诉讼机关职权的有效运用，犯罪嫌疑人、被告人的地位相对弱化。其后，全国人大常委会于2018年10月对1979年《刑事诉讼法》进行了第三次大范围的修正,不断强化犯罪嫌疑人、被告人诉讼权利的保障,将辩护律师介入诉讼为犯罪嫌疑人提供帮助的时间提前到侦查程序中,加强了对侦查权力的控制和规范,完善和细化了证据规则,弱化了庭审中法官的活动,强化了法官的中立性和控辩双方的对抗性活动对法官裁判的影响力,使得强职权主义诉讼构造逐渐转变为以职权主义诉讼为底色、杂糅着当事人主义诉讼和本土司法元素的混合式诉讼构造。这一诉讼构造主要特点为:侦查程序仍然具有一定的强职权主义色彩;提起公诉遵循以起诉法定主义为主、起诉便宜主义为辅的原则;审判程序呈现出以职权主义为主、以当事人主义为辅的混合色彩。

第二章 刑事诉讼基本原则

1. 刑事诉讼基本原则的内容是什么？

刑事诉讼基本原则的体系是指由所有刑事诉讼基本原则构成的有机联系的整体。主要包括以下原则：职权原则；独立行使审判权原则；以事实为依据，以法律为准绳原则；司法机关分工负责，互相配合，互相制约原则；公民适用法律一律平等原则；法律监督原则；各民族有权用本民族语言文字进行诉讼的原则；未经审判不得定罪原则；保障诉讼参与人依法享有诉讼权利原则；具有法定情形不予追究刑事责任原则；国家司法主权原则。

我国刑事诉讼的各项基本原则也是一个互相关联、互相统一的整体，如果其中任何一项原则遭到忽视，必然影响对其他有关原则的贯彻，违背其中任何一个原则，都是对刑事诉讼法制的严重破坏，也都是对诉讼程序的严重违反。因此，对刑事诉讼的各项基本原则，都必须准确地加以理解，认真贯彻执行。刑事诉讼基本原则是由刑事诉讼法规定的，贯穿于刑事诉讼的全过程或主要诉讼阶段，是公、检、法机关和诉讼参与人进行刑事诉讼活动都必须遵循的基本行为准则。

2. 刑事诉讼基本原则的地位及特点是什么？

刑事诉讼基本原则在刑事诉讼法律规范体系中处于承上启下的中介地位，既是联结刑事诉讼指导思想、目的、任务与具体诉讼制度、程序的桥梁，又是联结刑事诉讼原理与诉讼具体法律规定的介质。

刑事诉讼基本原则是刑事诉讼指导思想的体现，是为实现刑事诉讼目的和任务而服务的。刑事诉讼基本原则是诉讼基本精神和指导思想的体现，是其表述的具体化。我国刑事诉讼的指导思想反映了我国《刑事诉讼法》的阶级属性，决定了基本原则所包含的社会主义民主和法制精神。

作为刑事诉讼法确立的基本行为准则，刑事诉讼基本原则具有以下特点：确定司法机关的职权与相互关系；保障民主和诉讼监督；突出了以事实为依据、以法律为准绳原则的核心地位；具有抽象性和概括性，全面反映了我国刑事诉讼的本质和主要特征，既有法律依据，又有理论概括；贯穿于整个诉讼的过程，体现刑事诉讼的各个方面，要求司法机关必须遵守，对诉讼程序和诉讼结果具有重要影响。

3. 刑事诉讼基本原则的价值与意义是什么？

刑事诉讼基本原则对于诉讼立法及司法解释具有指导和规范作用。刑事诉讼立法及对法律条文的解释，需要以刑事诉讼原理为指导，体现刑事诉讼法的指导思想和立法精神。而刑事诉讼基本原则正是国家在刑事诉讼领域价值追求的总的体现，也是刑事诉讼原理和刑事诉讼指导思想的具体化，因此它是设置具体的刑事诉讼规范的合理性基础和目标指向。按照刑事诉讼基本原则的要求进行立法和司法解释，可以保障具体制度和程序的设计符合宪法原则和刑事诉讼原理，可以使法律条文的解释符合立法精神。

刑事诉讼基本原则对于刑事诉讼实践具有指导作用。由于在刑事诉讼实践中，刑事案件的复杂多样性与法律规定的有限性之间必然存在很多矛盾，因此并非任何一个案件都有明确具体的法律规范可资依据。刑事诉讼基本原则具有抽象性的特点，相对于具体规范具有更强的包容性和更广泛的适用性。因此，刑事诉讼基本原则可以指导和保障法律的实践者正确理解法律规定，对法律规范作出合目的性的解释，并在此基础上正确适用法律于具体案件，从而解决诉讼实践中可能出现的新问题。

刑事诉讼基本原则具有弥补法律规定不足和填补法律漏洞的功能。刑事诉讼法无论如何完备，都只能是相对的，都难以囊括实践中出现的问题。对于刑事诉讼法具体条文中没有规定或者规定不甚明确的问题，在实践中如何解决，需要以刑事诉讼基本原则为指导进行处理。

4. 什么是以事实为根据、以法律为准绳原则？

根据《刑事诉讼法》第6条规定，人民法院、人民检察院和公安机关进行刑事诉讼，必须以事实为根据，以法律为准绳。上述规定确立了以事实为根据、以法律为准绳原则。这一原则是我国司法工作的经验总结，是刑事诉讼、民事诉讼和行政诉讼共同适用的基本原则，其具体要求为：

第一，以事实为根据，要求刑事诉讼活动必须查明案件的事实真相，对案件的处理必须建立在查清事实的基础之上。以事实为根据,是正确惩罚犯罪,防止冤假错案,保障无罪的人不受刑事追究的根本保证。一个人是否犯罪,罪轻还是罪重,必须以事实为根据。所谓"事实",是指有证据证明且经查证属实的事实,要求对事实的认定必须以证据为基础,不能凭主观想象、推测、怀疑认定事实。

第二,以法律为准绳,要求刑事诉讼活动必须遵循法律规定进行,要在查明案件事实的基础之上,准确地适用法律。具体而言,是否立案,是否采取强制措施,是否侦查终结,是否提起公诉,判决有罪或者无罪,各种诉讼行为都必须依照法律规定进行。在实体上,应当依照《刑法》规定判定被追诉人是否有罪以及如何定罪科刑;在程序上,人民法院、人民检察院和公安机关的诉讼活动应当严格按照《刑事诉讼法》的规定进行,保证诉讼行为的合法性,切实保障诉讼参与人的合法权益。

5. 什么是分工负责、互相配合、互相制约原则?

《宪法》第140条规定:"人民法院、人民检察院和公安机关办理刑事案件,应当分工负责,互相配合,互相制约,以保证准确有效地执行法律。"《刑事诉讼法》第 7 条规定:"人民法院、人民检察院和公安机关进行刑事诉讼,应当分工负责,互相配合,互相制约,以保证准确有效地执行法律。"由此,分工负责、互相配合、互相制约成为调整刑事诉讼中人民法院、人民检察院、公安机关之间关系的基本准则,也是一项宪法性的刑事诉讼基本原则,其具体要求为:

第一,分工负责,是指人民法院、人民检察院、公安机关在刑事诉讼中,根据《刑事诉讼法》的分工,在法定职权范围内实施诉讼活动。根据诉讼职能分工,公安机关进行侦查,行使包括对刑事案件的侦查、拘留、执行逮捕、预审等权力;人民检察院行使检察权,包括检察、批准逮捕、检察机关直接受理的案件的侦查、提起公诉等权力;人民法院行使审判权,负责对公诉和自诉案件进行审理并作出裁判。

第二,互相配合,是指人民法院、人民检察院、公安机关在进行刑事诉讼时,在分工负责的基础上,出于惩罚犯罪和保障人权双重目的的需要,相互支持,有效合作,而不能相互掣肘,相互扯皮。刑事诉讼法的任务是既要保证准确、及时地查明犯罪事实,正确应用法律,惩罚犯罪分子,同时还要保障无罪的人不受刑事追究。除此之外,还需要教育公民自觉遵守法律，积极同犯罪行为做斗争，维护社会主义法制，尊重和保障人权，保护公民的人身权利、财产权利、民主权利和其他权利，保障社会主义建设事业的顺利进行。由于各个国家机关之间的工作存在紧密联系，因此在刑事诉讼过程中必然需要互相配合。

第三，互相制约，是指人民法院、人民检察院、公安机关进行刑事诉讼时，按照法定的分工互相制衡，从而发现刑事诉讼活动中出现的各种问题和错误，并加以改正。互相制约是三机关之间有效的权力制衡方式。人民法院、人民检察院、公安机关之间，任何一个机关的诉讼行为都应受到制约。例如，公安机关侦查的案件，需要逮捕犯罪嫌疑人的，必须经过人民检察院批准才能执行逮捕，体现了检察权对侦查权的制约；与此同时，人民检察院决定逮捕犯罪嫌疑人的，应当由公安机关执行，体现了侦查权对检察权的制约。再如，公安机关移送起诉的案件，人民检察院可以作出不起诉的决定；公安机关认为人民检察院不起诉决定是错误的，依法可以要求复议、提请复核。又如，人民法院对人民检察院提起公诉的案件经过开庭审理后，有权作出有罪或者无罪的判决，而人民检察院则依法有权向上一级人民法院提出抗诉。

6. 以审判为中心与分工负责、互相配合、互相制约原则的关系是什么？

党的十八届四中全会通过的《中共中央关于全面推进依法治国若干重大问题的决定》提出了"推进以审判为中心的诉讼制度改革"的任务。"以审判为中心"是我国完善刑事程序指导思想的重大突破，充分体现了刑事诉讼的内在规律。以审判为中心的内容包括三个方面：第一，侦查、起诉应当面向审判，服从审判的要求；第二，审判应当发挥认定事实、适用法律的决定性作用；第三，审判活动应当以庭审为中心，庭审应当贯彻直接言词原则。

以审判为中心与分工负责、互相配合、互相制约原则有关，但并不矛盾。分工负责、互相配合、互相制约原则，要求人民法院、人民检察院、公安机关在刑事诉讼中各自行使法定的职权，互相配合且互相制约。但是，这一原则在实践中的效果并不理想，三机关之间或多或少存在"配合有余、制约不足"的问题，特别是审判程序难以有效发挥对其他诉讼程序的制约作用。而确立以审判为中心，有利于克服传统的侦查、起诉、审判三阶段论即"程序阶段论"存在的弊端。

7. 什么是无罪推定原则？

无罪推定原则是指在法院依法作出生效裁判之前，犯罪嫌疑人、被告人在法律上是无罪的。这一原则是由意大利古典刑事法学派代表人物贝卡里亚在1764年在《论犯罪与刑罚》一书中，针对纠问式诉讼实行有罪推定第一次明确提出来的。这一原则的基本内容包括：第一，证明责任由控方承担，即检察官应当举证证明被告人有罪；第二，犯罪嫌疑人、被告人没有证明自己无罪的义务；第三，不得强迫犯罪嫌疑人、被告人证明自己有罪，犯罪嫌疑人、被告人有保持沉默的权利；第四，实行疑罪从无，即当检察官的举证不能充分证明犯罪事实，对被告人是否犯罪有怀疑时，应作出有利于被告人的解释，即无罪。

8. 什么是未经人民法院依法判决对任何人都不得确定有罪原则？

《刑事诉讼法》第12条规定："未经人民法院依法判决，对任何人都不得确定有罪。"该条确立了"未经人民法院依法

判决对任何人都不得确定有罪"原则,它吸取了国际通行刑事诉讼基本原则"无罪推定原则"的基本精神。该原则的基本内容为:

第一,确定被告人有罪的权力由人民法院统一行使,即只有人民法院才享有依法判决被告人有罪的权力。人民法院作为我国唯一的审判机关,代表国家统一行使审判权。定罪权是审判权的重要内容,只能由人民法院依法行使,其他任何机关、社会团体和个人都无权确定他人有罪。

第二,在人民法院作出有罪判决、裁定且生效之前,被追诉人是无罪的,不能将犯罪嫌疑人、被告人视为罪犯。在刑事诉讼的不同阶段,被追诉人的称谓不同,在人民检察院提起公诉之前,称为"犯罪嫌疑人",此时其只是涉嫌犯罪,还未被追究刑事责任。当案件被提起公诉之后,由于被追诉人已经处于被正式指控的地位,因此称为"被告人"。这种区分就是为了表明被追诉人所处的身份状态和诉讼地位,以防止有罪推定。这两种称谓与"罪犯""人犯"等表述有着本质的区别。

第三,人民法院认定被告人有罪,必须依法判决。"依法判决"要求人民法院在定罪时必须依照实体法和程序法的各项规定。如必须经过开庭审理,除法定情形外,应公开审判;应当给被告人以充分的辩护机会，包括举证、质证、辩论；必须有确实充分的证据证明；等等。换言之，未经依法开庭审理，依据《刑法》作出判决，并正式宣判，人民法院也不得确定任何人有罪。必须明确的是，证明被告人有罪的举证责任由控诉方承担，被告人一方不承担证明自己有罪或无罪的责任，不能强迫被告人证明自己有罪或者无罪。人民法院须奉行疑罪从无的处断方式。认定被告人有罪需要达到证据确实充分的程度，如果达不到这一证明标准，则应当判决被告人无罪。

未经人民法院依法判决对任何人都不得确定有罪原则，有利于克服办案人员先入为主、主观归罪的思想。这一原则不仅在发现案件真相方面具有重要意义，更重要的是有利于保障犯罪嫌疑人、被告人的合法权益。该原则体现了国际通行的无罪推定原则的基本精神，其确立是我国刑事诉讼制度的一大进步。

9. 什么是认罪认罚从宽原则？

我国刑事法律一直坚持贯彻宽严相济的刑事政策。认罪认罚从宽原则是贯彻宽严相济刑事政策在实体法与程序法上的双重体现。2018年《刑事诉讼法》根据试点经验对认罪认罚从宽制度作了系统规定，从而将这一制度在《刑事诉讼法》中明确下来。特别是在第一编第一章"任务和基本原则"中增加一条作为第15条，即"犯罪嫌疑人、被告人自愿如实供述自己的罪行，承认指控的犯罪事实，愿意接受处罚的，可以依法从宽处理"，由此确立了认罪认罚从宽原则。

认罪认罚从宽制度包括认罪和认罚两方面内容。所谓认罪，是指犯罪嫌疑人、被告人自愿如实供述自己的罪行，承认指控的犯罪事实。所谓认罚，是指明确表示愿意接受刑罚等处罚，特别是接受检察机关提出的包括主刑、附加刑以及是否适用缓刑等的具体的量刑建议。人民检察院可以就具体量刑建议与犯罪嫌疑人及其辩护人进行"协商"，即在提出量刑建议时，要听取犯罪嫌疑人及其辩护人、值班律师等的意见。

对认罪认罚的犯罪嫌疑人、被告人从宽处理，一方面是指实体上的从宽。由于犯罪嫌疑人、被告人认罪认罚，特别是同意人民检察院量刑建议的，在遵循罪责刑相适应原则的基础上，予以从宽处罚，以示对其认罪认罚的鼓励。另一方面是指程序上的从宽。例如，依法采取撤销案件、不起诉等措施，人民检察院可以向人民法院提出适用缓刑的建议等，人民法院可以适用速裁程序审理案件以避免给当事人造成诉累。

【案例】 认罪认罚能够获得从宽处罚的一项重要前提是被告人积极退赃退赔、赔偿损失、预交罚金

案例简介：泰州市姜堰区人民检察院以被告人王某犯受贿罪，向泰州市姜堰区人民法院提起公诉。公诉机关指控：被告人王某利用担任泰州市姜堰区教育局职社科科长的职务便利，在统筹协调管理职业教育工作、成人教育工作等方面为他人谋取利益，索取或者非法收受他人财物，价值人民币448000元，应当以受贿罪追究其刑事责任。但是，被告人归案后如实供述自己的罪行，自愿认罪认罚，建议对其从宽处理。

在案件审理过程中查明，被告人王某职务犯罪既遂，其在案发前对外仍享有债权，归案后银行卡账户余额也未用于退赃、缴纳财产刑，直至一审宣判前，被告人都没有退赃表现，被告人亲属也没有代其积极退赃，故不宜认定被告人具有认罚情节，公诉机关当庭撤回对其认罚情节的认定，法院予以支持。

第三章 刑事诉讼基本制度

1. 我国刑事诉讼职能管辖是什么？

刑事案件的侦查由公安机关进行，法律另有规定的除外。人民检察院在对诉讼活动实行法律监督中发现的司法工作人员利用职权实施的非法拘禁、刑讯逼供、非法搜查等侵犯公民权利、损害司法公正的犯罪，可以由人民检察院立案侦查。对于公安机关管辖的国家机关工作人员利用职权实施的重大犯罪案件，需要由人民检察院直接受理的时候，经省级以上人民检察院决定，可以由人民检察院立案侦查。自诉案件，由人民法院直接受理。

2. 自诉案件的类型有哪些？

（1）告诉才处理的案件。具体情况为：

①《刑法》第246条规定的侮辱、诽谤案，但是严重危害社会秩序和国家利益的除外。

②《刑法》第257条第1款规定的暴力干涉婚姻自由案。

③《刑法》第260条第1款规定的虐待案。

④《刑法》第270条规定的侵占案。

（2）被害人有证据证明的轻微刑事案件。所谓轻微刑事案件是指犯罪事实、情节较为轻微，可能判处3年以下有期徒刑以及拘役、管制等较轻刑罚的案件，这类案件强调被害人的举证责任，自诉能否成立在一定程度上取决于被害人有无证据或者证据是否充分，如果被害人没有证据的，人民法院将不予受理；如果被害人提出的证据不充分，不足以支持其起诉主张的，人民法院将裁定驳回自诉。

（3）被害人有证据证明对被告人侵犯自己人身、财产权利的行为应当依法追究刑事责任，而公安机关或者人民检察院不予追究被告人刑事责任的案件。

【案例】 遭受网络侮辱诽谤应如何应对？

2015年4月28日，山东省高级人民法院召开了聂树斌案听证会。洪某作为法学专家代表，是聂树斌案件听证会听证成员。会后，洪某在焦点访谈节目中称"聂树斌案申诉方理由只是推理，无可靠疑点"，引发了律师陈某的不满。

2015年5月2日，陈某在新浪博客上发表博文《洪某教授无道无德——谨以此公开信，回复洪某教授，兼复那些在聂案中失去道德和法律底线的法律人》。文章中出现"您的解读，在法律上，逻辑上混乱，这是无道；在事实上，你满口谎言，这是缺德"等语句，类似批评道德的言辞比比皆是。

2015年6月2日，洪某向北京市海淀区人民法院提出了诉讼请求，称陈某发表的文章中，多处捏造损害自己名誉的事实，且浏览、转发量远超法律规定，要求判决被告人陈某诽谤罪。洪某诉称，被告人有粉丝13万，其在信息网络上捏造事实散布并广泛传播，在其博客和微博的跟帖中，有大量对自诉人进行辱骂、诽谤甚至恐吓、威胁人身安全的跟帖，严重损害自诉人的名誉，该损害后果理应由被告人承担。海淀区人民法院受理此案，最终陈某公开登报向洪某道歉。

3. 什么是并案管辖？

并案管辖是指将原本应由不同机关管辖的数个案件，合并由同一个机关管辖。在理解和适用时，应注意以下几点：

（1）并案管辖的法律效果是使得公、检、法三机关有权对案件"并案处理"。并案管辖在性质上属于管辖权的合并，系对法定管辖制度的变通和突破。它在诉讼法上会产生一种"绑定"效果，即管辖机关可以突破法定的地域管辖和级别管辖制度的规定，将原本应由不同机关管辖的数个案件，在程序上合并处理（立案、侦查、起诉和审判）。

（2）并案管辖只能由公、检、法三机关在"职责范围内"对案件进行并案处理。关于"职责范围"，《刑事诉讼法》第3条第1款规定："对刑事案件的侦查、拘留、执行逮捕、预审，由公安机关负责。检察、批准逮捕、检察机关直接受理的案件的侦查、提起公诉，由人民检察院负责。审判由人民法院负责。除法律特别规定的以外，其他任何机关、团体和个人都无权行使这些权力。"据此，并案管辖只能由公、检、法三机关在上述法定职权范围内进行，并案管辖的结果不能超越《刑事诉讼法》对公、检、法机关的法定授权范围。此外，并案管辖也不能突破专门管辖制度的规定。

（3）并案管辖的案件限于关联案件。根据《最高人民法院、最高人民检察院、公安部、国家安全部、司法部、全国人大常委会法制工作委员会关于实施刑事诉讼法若干问题的规定》，可以并案处理的案件限于"关联案件"，包括：一人犯数罪的；共同犯罪的；共同犯罪的犯罪嫌疑人、被告人还实施其他犯罪的；多个犯罪嫌疑人、被告人实施的犯罪存在关联，并案处理有利于查明案件事实的。

4. 法定回避情形有哪些？

回避是指人民法院审理某一案件的审判人员和其他有关人员，在与案件有利害关系或其他关系，有可能影响案件正确处理时，退出该案的审理的一项制度。

（1）诉讼回避

① 是本案的当事人或者是当事人的近亲属的。"当事人"是指本案的"被害人、自诉人、犯罪嫌疑人、被告人、附带民事诉讼的原告人和被告人"。"近亲属"是指"夫、妻、父、母、子、女、同胞兄弟姊妹"。

② 本人或者其近亲属和本案有利害关系的。本人或者他的近亲属虽非本案当事人，但如果与本案有某种利害关系，也可能产生利益牵连，进而影响案件的公正处理。

③ 担任过本案证人、鉴定人、辩护人或者诉讼代理人的。角色冲突可能导致先入为主或利益牵连，进而影响案件的公正

处理。

④ 与本案当事人有其他关系,可能影响案件公正处理的。审判人员、检察人员、侦查人员等如果与本案当事人存在着上述三种情形之外的"其他关系",如曾经的同学、师生、恋人关系等,"可能影响案件公正处理的",也应当回避。

⑤ 在一个审判程序中参与过本案审判工作的合议庭组成人员或者独任审判员。参与过本案侦查、审查起诉工作的侦查、检察人员,调至人民法院工作的,不得担任本案的审判人员;参加过本案侦查的侦查人员,不得承办本案的审查逮捕、起诉和诉讼监督工作。

(2) 任职回避

① 离任后的任职回避,是对曾经担任过审判人员和检察人员的人员,在其离任后从事律师(刑事辩护人或诉讼代理人)业务时设定的限制性规定。

② 现任内的任职回避,是对现任内的法官、检察官的配偶、子女或父母,在其从事律师(刑事辩护人或诉讼代理人)业务时设定的限制性规定。

5. 刑事强制措施的概念和特点是什么？

刑事诉讼中的强制措施，是指公安机关、人民检察院和人民法院为了保证刑事诉讼活动的顺利进行，而依法采取的限制或剥夺犯罪嫌疑人、被告人人身自由的各种强制性方法。我国《刑事诉讼法》规定了五种强制措施，按照其强制力大小排序依次为拘传、取保候审、监视居住、拘留和逮捕。我国强制措施具有以下特点：

（1）适用主体具有特定性。有权适用强制措施的主体只能是公安机关、人民检察院和人民法院，其他任何机关、社会团体或个人都无权对他人采取强制措施。

（2）适用对象具有唯一性。强制措施的适用对象只能是犯罪嫌疑人、被告人，对于犯罪嫌疑人、被告人以外的其他诉讼参与人和案外人不得动用强制措施。

（3）适用目的具有保障性。强制措施本质上是一种诉讼保障措施，而非实体制裁措施。适用强制措施的目的是保障刑事诉讼的顺利进行，防止犯罪嫌疑人、被告人逃避侦查、起诉和审判，进行毁灭、伪造证据，继续犯罪等妨害刑事诉讼的行为，而不是对犯罪嫌疑人、被告人进行制裁和惩罚。

（4）适用程序具有法定性。我国《刑事诉讼法》对五种强制措施各自的适用机关、适用条件和适用程序，都作出了严格的限制性规定。

（5）适用期间具有临时性。刑事诉讼是有期限的，所以强制措施的期限不可能是无期的，也不可能比刑事诉讼的期限更长。

（6）适用手段具有强制性。适用对象的意愿不构成强制措施适用的前提，即便适用对象不愿配合，强制措施仍可强行实施。

【案例】 被采取强制措施初期，个人与家属应作何应对？

2011年上半年，时任某大学医学院神经生物学研究所所长和相关科研项目负责人的陈某，利用审批科研项目经费的职务便利，安排研究所负责经费报销和试剂采购工作的该医学院神经生物学系实验师耿某虚开发票套取科研经费，耿某将套取的科研经费60.274万元存入个人账户。

一审以贪污罪判处陈某有期徒刑4年，并处罚金25万元；二审以贪污罪判处陈某有期徒刑2年6个月，并处罚金20万元。

【法条链接】《刑事诉讼法》第15条、第34条、第85条

首先,作为家属在得知相关信息后,最好第一时间聘请律师,律师有权会见当事人,才能够得到确切的相关消息。《刑事诉讼法》第85条规定,公安机关拘留人,除无法通知或者涉嫌危害国家安全犯罪、恐怖活动犯罪通知可能有碍侦查的情形以外,应当在拘留后二十四小时以内,通知被拘留人的家属。《刑事诉讼法》第34条规定,犯罪嫌疑人自被侦查机关第一次讯问或者采取强制措施之日起,有权委托辩护人,犯罪嫌疑人、被告人在押的,也可以由其监护人、近亲属代为委托辩护人。

其次,犯罪嫌疑人需如实供述,认罪认罚将获得更加轻缓化的刑罚。《刑事诉讼法》第15条规定:"犯罪嫌疑人、被告人自愿如实供述自己的罪行,承认指控的犯罪事实,愿意接受处罚的,可以依法从宽处理。"

6. 取保候审的适用条件是什么?

(1)可能判处管制、拘役或者独立适用附加刑的。根据我国《刑法》的规定,符合这一条件的犯罪行为相对较轻,

社会危害性程度较低，行为人的人身危险性也不大，因此没有必要采取拘留或逮捕措施，采取取保候审不致发生社会危险性。

（2）可能判处有期徒刑以上刑罚，采取取保候审不致发生社会危险性的。根据我国《刑法》的规定，可能判处有期徒刑以上刑罚的犯罪行为，已经属于比较严重的罪行，犯罪行为的社会危害性较大，犯罪嫌疑人、被告人的人身危险性也较大。但是，如果根据个案情况，对该犯罪嫌疑人、被告人采取取保候审并不致发生社会危险性，即不会发生妨碍刑事诉讼进行的情形，也可以适用取保候审。

（3）患有严重疾病、生活不能自理，怀孕或者正在哺乳自己婴儿的妇女，采取取保候审不致发生社会危险性的。对于患有严重疾病、生活不能自理的犯罪嫌疑人、被告人，以及犯罪嫌疑人、被告人是怀孕或者正在哺乳自己婴儿的妇女的，出于人道主义的考虑，不应当适用拘留或逮捕剥夺犯罪嫌疑人、被告人的人身自由，而可以取保候审。

（4）羁押期限届满，案件尚未办结，需要采取取保候审的。所谓"羁押期限届满"，是指法定的侦查羁押、审查起诉、一审、二审期限届满。在这种情形下，所有羁押期限已经届满,不得再继续羁押犯罪嫌疑人、被告人,但因为案件尚未办结,需要继续追究犯罪,因而只能对犯罪嫌疑人、被告人采取取保候审措施。

7. 我国刑事拘留的特点是什么?

刑事拘留是指公安机关、人民检察院在遇到法定的紧急情况时,依法临时剥夺某些现行犯或者重大嫌疑分子人身自由的一种强制措施。

刑事拘留具有以下特征:

(1) 适用主体具有特定性

拘留是对犯罪嫌疑人人身自由的一种剥夺,属于比较严厉的强制措施。因此,《刑事诉讼法》规定,只有公安机关、人民检察院等对刑事案件拥有侦查权的专门机关才能决定适用拘留,其他任何机关(包括人民法院)、社会团体和个人都无权决定和执行拘留。

(2) 适用对象具有特定性

拘留是一种临时剥夺犯罪嫌疑人人身自由的强制措施,所针对的是现行犯或重大嫌疑分子,或法定的紧急情况。即使犯罪嫌疑人罪该逮捕，但只要不是现行犯或重大嫌疑分子，或法定紧急情况，也无须适用拘留，换言之，拘留并非逮捕的前置程序。

(3) 适用期限具有临时性

因为拘留是针对符合法定情形的现行犯或重大嫌疑分子而设，因而其只能临时性、短时间内剥夺犯罪嫌疑人的人身自由，一旦紧急情况消失，就应当解除拘留或变更为其他强制措施。因此，拘留的期限往往较短，只有3日。

值得注意的是，刑事拘留与行政法规定的行政拘留以及民事诉讼法、行政诉讼法规定的司法拘留，虽然都称为"拘留"，且都会造成短期剥夺人身自由的法律后果，但实际上刑事拘留与这两者之间存在着较大差别。刑事拘留与行政拘留的不同之处是：

首先，性质和目的不同。刑事拘留是一种强制措施，其目的是保证刑事诉讼的顺利进行，本身不具有惩罚性；行政拘留是治安管理的一种处罚方式，属于行政制裁的范畴，其目的在于对实施了轻微违法行为者加以惩罚。

其次，适用对象不同。刑事拘留适用于刑事诉讼中的现行犯或者重大嫌疑分子；而行政拘留则适用于有一般违法行为之人。

最后,法律根据不同。刑事拘留是依据《刑事诉讼法》的规定而采用的;行政拘留则是根据《行政处罚法》《治安管理处罚法》等行政法律、法规而采用的。

8. 我国逮捕的适用条件是什么?

逮捕是指公安机关、人民检察院和人民法院,为了防止犯罪嫌疑人或者被告人逃避或妨害侦查、起诉、审判的进行,防止其发生社会危险性,而依法对其予以羁押、暂时剥夺其人身自由的一项强制措施。根据《刑事诉讼法》第81条的规定,对有证据证明有犯罪事实,可能判处徒刑以上刑罚的犯罪嫌疑人、被告人,采取取保候审尚不足以防止发生社会危险性,而有逮捕必要的,才可逮捕。批准或者决定逮捕,应当将犯罪嫌疑人、被告人涉嫌犯罪的性质、情节,认罪认罚等情况,作为是否可能发生社会危险性的考虑因素。

9. 我国辩护人的诉讼地位是什么？

辩护人是一种完全独立的诉讼参与人。这种独立的诉讼地位可以从以下三个方面来认识：

（1）辩护人是完全独立并对立于控诉方的一种诉讼参与人。所谓独立于控诉方，是指辩护人的产生及诉讼行为都不受制于或取决于控诉方的意志。所谓对立于控诉方，是指辩护人的产生及诉讼行为是针对控诉方的指控，以维护犯罪嫌疑人、被告人的诉讼权利和其他合法权益为出发点和追求目标的，这就与控诉方形成了天然的对立关系。

（2）辩护人是独立于犯罪嫌疑人、被告人的一种诉讼参与人。辩护人在诉讼中是以自己的名义，根据对案件事实的了解、掌握和对有关法律规定的理解，独立提出辩护意见，独立进行辩护的，而不是在诉讼中完全服从于犯罪嫌疑人、被告人的主观意志。

（3）辩护人也是独立于审判人员的一种诉讼参与人。从诉讼结构上讲，审判人员是属于控辩对立双方之间中立的第三方，辩护人不可能也不应该站在审判人员一方，而是独立的一方。

10. 辩护人的诉讼权利有哪些?

根据《刑事诉讼法》《律师法》及其他有关法律的规定,辩护人在刑事诉讼中享有以下诉讼权利。

(1) 职务保障权

《刑事诉讼法》第14条规定:"人民法院、人民检察院和公安机关应当保障犯罪嫌疑人、被告人和其他诉讼参与人依法享有的辩护权和其他诉讼权利。诉讼参与人对于审判人员、检察人员和侦查人员侵犯公民诉讼权利和人身侮辱的行为,有权提出控告。"

(2) 阅卷权

《刑事诉讼法》第40条规定:"辩护律师自人民检察院对案件审查起诉之日起,可以查阅、摘抄、复制本案的案卷材料。其他辩护人经人民法院、人民检察院许可,也可以查阅、摘抄、复制上述材料。"

(3) 会见、通信权

《刑事诉讼法》第39条第1款规定:"辩护律师可以同在押的犯罪嫌疑人、被告人会见和通信。其他辩护人经人民法院、人民检察院许可,也可以同在押的犯罪嫌疑人、被告人会见和通信。"

(4) 调查取证权

《刑事诉讼法》第 43 条规定："辩护律师经证人或者其他有关单位和个人同意，可以向他们收集与本案有关的材料，也可以申请人民检察院、人民法院收集、调取证据，或者申请人民法院通知证人出庭作证。辩护律师经人民检察院或者人民法院许可，并且经被害人或者其近亲属、被害人提供的证人同意，可以向他们收集与本案有关的材料。"

(5) 提出辩护意见权

根据《刑事诉讼法》规定，辩护律师在侦查阶段的审查批捕活动中及侦查终结前，有权向检察机关、侦查机关就案件有关问题提出意见。人民检察院审查案件，应当听取犯罪嫌疑人委托的辩护人的意见。至于在审判活动中，辩护人可以通过参与法庭审理活动，充分发表对案件的意见，维护被告人的合法权益。

(6) 获得出庭通知权

根据《刑事诉讼法》第 187 条的规定，人民法院决定开庭审判后，应当至迟在开庭 3 日以前将开庭通知书送达辩护人。这意味着辩护人有权在开庭 3 日之前获得开庭通知。

(7) 出庭辩护权

根据《刑事诉讼法》关于开庭审判活动的有关规定，辩护人有权出庭为被告人进行辩护，在法庭调查阶段辩护人经审判长许可，可以向被告人发问，可以对证人、鉴定人发问；可以对控方提供的其他证据进行质证，可以向法庭提供、出示、宣读证据；有权申请通知新的证人到庭、调取新的物证、重新鉴定或者勘验。在法庭辩论阶段辩护人可以就案件事实、证据和法律适用等问题发表意见，并且可以与对方展开互相辩论。

(8) 拒绝辩护权

《律师法》第32条第2款规定："律师接受委托后，无正当理由的，不得拒绝辩护或者代理。但是，委托事项违法、委托人利用律师提供的服务从事违法活动或者委托人故意隐瞒与案件有关的重要事实的，律师有权拒绝辩护或者代理。"

(9) 申诉控告权

辩护人有权对司法机关及其工作人员违法办案，侵犯当事人人身权利、财产权利的行为依法提出申诉、控告。

(10) 保密权

辩护律师对在执业活动中知悉的委托人的有关情况和信

息，有权予以保密。但是，辩护律师在执业活动中知悉委托人或其他人，准备或者正在实施危害国家安全、公共安全以及严重危害他人人身安全的犯罪的，应当及时告知司法机关。

11. 指定辩护的适用情形有哪些？

在我国，指定辩护包括强制指定辩护和申请指定辩护两种情形：

（1）强制指定辩护。强制指定辩护是指人民法院、人民检察院、公安机关对于下列六类犯罪嫌疑人、被告人，如果他们没有委托辩护人，应当通知法律援助机构指派律师为其辩护：第一，犯罪嫌疑人、被告人是盲、聋、哑人的；第二，犯罪嫌疑人、被告人是未成年人的；第三，犯罪嫌疑人、被告人是尚未完全丧失辨认或者控制自己行为能力的人的；第四，犯罪嫌疑人、被告人可能被判处无期徒刑的；第五，犯罪嫌疑人、被告人可能被判处死刑的；第六，人民法院缺席审判案件，被告人及其近亲属没有委托辩护人的，人民法院应当通知法律援助机构指派律师为其提供辩护。

（2）申请指定辩护。申请指定辩护是指不符合以上强制指定辩护的条件，犯罪嫌疑人、被告人因经济困难或者其他原因没有委托辩护人，本人及其近亲属可以向法律援助机构提出申请。对符合法律援助条件的，法律援助机构应当指定律师为其提供辩护。

12. 我国法定证据种类有哪些？

证据的种类，也称为证据的法定形式，它是指法律规定的证据的不同表现形式。我国《刑事诉讼法》第50条第2款通过列举方式规定了刑事证据的八个种类，分别为：（1）物证；（2）书证；（3）证人证言；（4）被害人陈述；（5）犯罪嫌疑人、被告人供述和辩解；（6）鉴定意见；（7）勘验、检查、辨认、侦查实验等笔录；（8）视听资料、电子数据。

13. 我国刑事诉讼证明标准是什么？

证明标准是指证明主体运用证据证明待证事实所要达到的法定的程度或者要求。证明标准与证明责任紧密相连，解决的是对待证事实的证明程度的问题，证明标准不仅是证明责任得以卸载的标志，也决定着证明主体的诉讼主张能否得到确认，直接关系着案件的结局。我国证明标准的立法表述为"案件事实清楚，证据确实、充分"，根据《刑事诉讼法》第200条第1项规定，案件事实清楚，证据确实、充分，依据法律认定被告人有罪的，应当作出有罪判决。

14. 如何理解非法证据排除规则中的证明规则？

（1）证明对象。非法证据排除规则中的证明对象是侦查机关证据收集的合法性，易言之，这一证明活动指向的是证据能力问题，而非证明力问题。

（2）证明责任。第一，非法证据排除程序的启动责任。在申请启动模式下，启动程序的证明责任由当事人及其辩护人、诉讼代理人等承担。当事人及其辩护人、诉讼代理人申请排除以非法方法收集的证据的，应当提供相关线索或者材料。若上述人员不能提供相关线索或材料，或者无法使法庭对证据收集合法性产生疑问的，就无法启动非法证据排除程序。第二，非法证据排除程序中的证明责任。在非法证据排除程序中，应由公诉人承担证据收集的合法性的证明责任。

(3) 证明标准。在证据收集合法性的证明中，公诉人需要达到与定罪标准相同的"案件事实清楚，证据确实充分，排除合理怀疑"的证明标准。当控方提供的证据不够确实，应本着有利于被告的原则，将其作为存疑证据，不能支持证据合法性的证明。"天平倾向弱者"，为切断非法取证行为与公正审判的联系，只有对追诉方附加更多的证明义务，方能促进其依法办案。

【案例】 通过申请非法证据排除维护个人正当权利

2014年7月16日，郭某被北京警方以涉嫌交通肇事罪（逃逸致人死亡）带走，亚运村派出所办案人员称，郭某在2013年9月24日驾驶无牌无照黑摩托车在立水桥公交站撞死人逃逸。公安人员在办案单位和拘留所讯问郭某时，称有监控证明其肇事经过，郭某两次讯问笔录均承认撞死他人的来龙去脉。随后郭某被刑事拘留关进朝阳看守所，办案人员第三次提审时，郭某便翻供不承认肇事经过。

辩护律师通过会见犯罪嫌疑人郭某了解案情后，向公安机关和朝阳区检察院提出非法证据排除，要求办案机关提供制作两次讯问笔录的同步录音录像。由于亚运村派出所无法提供两次讯问笔录的同步录音录像和案发现场的监控，因此有合理的理由怀疑办案人员是利用威胁、欺骗的手段获取的口供。辩护律师运用《刑事诉讼法》规定的非法证据排除规则，向公安机关和检察机关均提出非法证据排除（前两次讯问笔录），并向朝阳区检察院提交了《不批准逮捕建议书》，朝阳警方向检察院报捕时，检察院最终采纳了律师意见，作出不予逮捕决定，将郭某释放。

第四章 刑事诉讼普通程序

1. 刑事侦查的特征有哪些？

（1）享有侦查权的主体具有特定性。我国享有侦查权的机关有公安机关、人民检察院、国家安全机关、军队保卫部门、中国海警局和监狱，除此以外，其他任何机关、团体和个人都无权行使侦查权。

（2）侦查活动的内容具有特定性。侦查活动的内容是收集证据、查明案情的工作和采取有关的强制性措施。查明案情的工作是指《刑事诉讼法》所规定的讯问犯罪嫌疑人、询问证人、勘验、检查、搜查、扣押物证书证、鉴定、通缉等活动。采取有关的强制性措施，则是指为保证收集证据、查明案情的工作的顺利进行，侦查机关在必要时采取的诸如强制搜查、强制扣押等强制性方法，以及为防止犯罪嫌疑人逃跑、毁灭罪证、串供等而采取的限制或剥夺其人身自由的强制性措施。

（3）侦查权的行使具有合法性。我国《刑事诉讼法》对侦查的主体、侦查的内容和方式以及侦查的程序都作了严格的规定,侦查机关在行使侦查权、进行侦查活动时,必须严格遵守法律规定,客观、全面地收集证据,查明案件事实,充分保护公民的合法权益不受侵犯。

(4) 侦查程序的性质具有双重性。侦查程序是行政性和司法性两种特征兼而有之:一方面,侦查程序的行政性主要表现为侦查程序的职权性和裁量性,即侦查机关有权在法律规定的范围内依据职权主动进行侦查,并享有广泛的自由裁量权;另一方面,侦查程序的司法性主要表现为侦查行为必须做到客观、公正,并且受到法律的严格约束,因此侦查行为本身还应当受到诉讼内或诉讼外的事后审查。

2. 补充侦查的种类有哪些?

(1) 审查批捕阶段的补充侦查。审查批捕阶段的补充侦查是附属于不批准逮捕的决定的。检察机关只能在作出不批准逮捕决定的前提下作出补充侦查的决定,不能单独作出。

(2) 审查起诉阶段的补充侦查。人民检察院审查案件,对于需要补充侦查的,可以退回公安机关补充侦查,也可以自行侦查。对于补充侦查的案件，应当在一个月以内补充侦查完毕。补充侦查以二次为限。补充侦查完毕移送人民检察院后，人民检察院重新计算审查起诉期限。对于二次补充侦查的案件，人民检察院仍然认为证据不足，不符合起诉条件的，应当作出不起诉的决定。

（3）法庭审理阶段的补充侦查。在法庭审理过程中，检察人员发现提起公诉的案件需要补充侦查，并提出补充侦查建议的，人民法院应当延期审理，补充侦查应当在 1 个月以内完毕。

3. 不起诉的种类和适用条件有哪些？

（1）法定不起诉。法定不起诉又称绝对不起诉，是指人民检察院对于公安机关或者监察机关移送审查起诉的案件，发现犯罪嫌疑人没有犯罪事实，或者符合《刑事诉讼法》第 16 条规定情形之一的，应当作出的不起诉决定。

（2）酌定不起诉。酌定不起诉又称相对不起诉，是指人民检察院经审查认为犯罪嫌疑人的行为虽然构成犯罪，但情节轻微，依照刑法规定不需要判处刑罚或者免除刑罚的，可以作出的不起诉决定。

(3) 证据不足不起诉。证据不足不起诉又称存疑不起诉，是指人民检察院对于经过两次补充侦查或者补充调查的案件，仍然认为证据不足，不符合起诉条件的，应当作出不起诉决定。

(4) 特殊的裁量不起诉。犯罪嫌疑人自愿如实供述涉嫌犯罪的事实，有重大立功或者案件涉及国家重大利益的，经最高人民检察院核准，人民检察院可以作出不起诉决定，也可以对涉嫌数罪中的一项或者多项不起诉。

(5) 附条件不起诉。附条件不起诉是指检察机关在审查起诉时，对于未成年人涉嫌《刑法》分则第四章、第五章、第六章规定的侵犯人身权利、民主权利、侵犯财产、妨害社会管理秩序犯罪，可能判处一年有期徒刑以下刑罚，符合起诉条件，但有悔罪表现的，人民检察院可以作出附条件不起诉的决定。

4. 延期审理和中止审理的区别是什么？

(1) 概念不同。延期审理是指在法庭审判过程中，遇有足以影响审判进行的情形时,法庭决定延期审理,待影响审判进行的原因消失后,再行开庭审理的审判制度。中止审理是指人民法院在审判案件过程中,因发生某种情况影响了审判的正常进行,而决定暂停审理,待其消失后,再行开庭审理的诉讼活动。

(2)时间不同。延期审理仅适用于法庭审理过程中,而中止审理适用于人民法院受理案件后至作出判决前。

(3)原因不同。导致延期审理的原因是诉讼自身出现了障碍,其消失依赖于某种诉讼活动的完成,因此延期审理不能停止法庭审理以外的诉讼活动。而导致中止审理的原因是出现了不能抗拒的情况,其消除与诉讼本身无关,因此中止审理将暂停一切诉讼活动。

(4)再行开庭的可预见性不同。延期审理的案件,再行开庭的时间可以预见,甚至当庭即可决定。而中止审理的案件,再行开庭的时间往往无法预见。

5. 自诉案件第一审程序有何特点?

(1)对于告诉才处理的案件或者被害人有证据证明的轻

微刑事案件，可以适用简易程序，由审判员一人独任审判。

（2）人民法院审理自诉案件，可以在查明事实、分清是非的基础上，根据自愿、合法的原则进行调解。但对于被害人有证据证明对被告人侵犯自己人身、财产权利的行为应当追究刑事责任，而公安机关或者人民检察院不予追究被告人刑事责任的自诉案件，不适用调解。

（3）判决宣告前，自诉案件的当事人可以自行和解，自诉人可以撤回自诉。自行和解是刑事诉讼法赋予自诉案件双方当事人的一项诉讼权利，对于已经审理的自诉案件，当事人自行和解的，应当记录在卷。人民法院经审查，认为和解、撤回自诉确属自愿的，应当裁定准许；认为系被强迫、威吓等，并非出于自愿的，不予准许。

（4）自诉案件的审理期限不同于普通公诉案件第一审的审理期限。依据《刑事诉讼法》第212条第2款的规定，人民法院审理自诉案件的期限，被告人被羁押的，适用《刑事诉讼法》第208条第1款、第2款的规定，即与普通公诉案件第一审的审理期限相同；未被羁押的，人民法院应当在受理后6个月以内宣判。

（5）告诉才处理和被害人有证据证明的轻微刑事案件的

被告人或者其法定代理人在诉讼过程中，可以对自诉人提起反诉。反诉必须符合下列条件：第一，反诉的对象必须是本案自诉人；第二，反诉的内容必须是与本案有关的行为；第三，反诉的案件属于《刑事诉讼法》第210条第1、2项规定的范围；第四，反诉应在诉讼过程中即最迟在自诉案件宣告判决以前提出。

6. 简易程序的适用范围是什么？

（1）案件事实清楚、证据充分的。无论公诉案件还是自诉案件，适用简易程序时，都必须具备"事实清楚、证据充分"这一条件。如果案件属于事实不清、证据不充分的，不应当适用简易程序。

（2）被告人承认自己所犯罪行，对指控的犯罪事实没有异议的。2012年《刑事诉讼法》修改了简易程序的适用范围，主要将简易程序审判的案件范围修改为基层人民法院管辖的"认罪"案件，即可能判处无期徒刑以下刑罚、被告人承认自己所犯罪行的案件。因此，适用简易程序必须满足被告人承认自己所犯罪行，对起诉书指控的犯罪事实没有异议的要求。

(3) 被告人对适用简易程序没有异议的。普通程序是第一审程序的基本设计，是基于保障人权和惩治犯罪的双重目的而构造的基本程序。依据程序法定原则，刑事诉讼只能依据既定的法律程序进行。但考虑到诉讼效率等要求，《刑事诉讼法》又对普通程序进行简化而构造了简易程序。简易程序虽然有利于提高诉讼效率，但因简化了相关诉讼程序，可能侵犯被告人的部分诉讼权利。因此，适用简易程序必须取得被告人的同意，即要求被告人对适用简易程序没有异议。

(4) 具有下列情形之一的，不适用简易程序：第一，被告人是盲、聋、哑人的；第二，被告人是尚未完全丧失辨认或者控制自己行为能力的精神病人的；第三，有重大社会影响的；第四，共同犯罪案件中部分被告人不认罪或者对适用简易程序有异议的；第五，辩护人作无罪辩护的；第六，被告人认罪但经审查认为可能不构成犯罪的；第七，不宜适用简易程序审理的其他情形。

7. 速裁程序的适用条件是什么？

速裁程序是指基层人民法院审理可能判处 3 年有期徒刑以

下刑罚，事实清楚，证据确实、充分，被告人认罪认罚且民事赔偿问题已经解决的案件，在被告人同意的前提下，所适用的比简易程序更为简化的审判程序。对于速裁程序的适用范围与条件，从以下三个方面把握：

第一，基层人民法院管辖的可能判处3年有期徒刑以下刑罚的案件。首先，管辖的法院限于基层人民法院。其次，可能判处的刑罚限于3年有期徒刑以下刑罚。这里的"可能判处"，是指根据被告人被指控犯罪的事实、性质、情节和危害程度，根据《刑法》有关规定的具体量刑幅度确定的刑罚。

第二，案件事实清楚，证据确实、充分。人民法院在决定适用速裁程序前，应当对案件的证据进行实质审查，确认案件事实明确，证据确实、充分。

第三，被告人认罪认罚并同意适用速裁程序。人民法院应当告知被告人认罪认罚的法律规定，审查认罪认罚的自愿性，确保被告人理解法律规定的含义，自愿适用速裁程序。

此外，根据《刑事诉讼法》第223条的规定，有下列情形之一的，不适用速裁程序：（1）被告人是盲、聋、哑人，或者是尚未完全丧失辨认或者控制自己行为能力的精神病人的；（2）被告人是未成年人的；（3）案件有重大社会影响的；

(4) 共同犯罪案件中部分被告人对指控的犯罪事实、罪名、量刑建议或者适用速裁程序有异议的;(5) 被告人与被害人或者其法定代理人没有就附带民事诉讼赔偿等事项达成调解或者和解协议的;(6) 其他不宜适用速裁程序审理的。

8. 第二审程序的提出主体有哪些?

第二审程序不能自动发生,需享有上诉权的诉讼参与人或者检察机关针对第一审法院尚未发生法律效力的判决、裁定提出上诉或者抗诉,才能引起第二审程序。上诉是被告人、自诉人和他们的法定代理人,不服第一审人民法院作出的判决或裁定,在法定期限内提请上一级人民法院对案件重新审判的诉讼活动。对于被告人而言,上诉权是极为重要的诉讼权利。因此,《刑事诉讼法》明确规定,对被告人的上诉权,不得以任何借口加以剥夺。抗诉也是引起第二审程序的原因之一。与上诉人行使上诉权不同,地方各级人民检察院对本级人民法院第一审的判决、裁定提出抗诉,具有法律监督的性质。

9. 如何具体适用上诉不加刑原则？

所谓上诉不加刑，是指对于被告人及其法定代理人或者被告人的辩护人、近亲属提出上诉的案件，第二审人民法院审理后不得以任何理由或任何形式加重被告人的刑罚。具体来看：

（1）共同犯罪案件，只有部分被告人提出上诉的，既不能加重提出上诉的被告人的刑罚，也不能加重其他同案被告人的刑罚。

（2）原判决认定事实清楚，证据确实、充分，只是认定罪名不当的，可以改变罪名，但不得加重刑罚。

（3）原判对被告人实行数罪并罚的，不得加重决定执行的刑罚，也不能加重数罪中某罪的刑罚。

（4）原判对被告人宣告缓刑的，不得撤销缓刑或者延长缓刑考验期。

（5）原判没有宣告禁止令的，不得增加宣告禁止令；原判宣告禁止令的，不得增加内容、延长期限。

（6）原判对被告人判处死刑缓期执行并且没有限制减刑的，不得限制减刑。

（7）原判认定事实清楚，证据确实、充分，但判处的刑罚畸轻，或者应当适用附加刑而没有适用的，不得直接加重被告人的刑罚或者适用附加刑，也不得以事实不清、证据不足为由发回第一审人民法院重新审判。必须依法改判的，应当在第二审判决、裁定生效后，按照审判监督程序重新审判。

（8）第二审人民法院发回原审人民法院重新审判的案件，除有新的犯罪事实，人民检察院补充起诉的以外，原审人民法院也不得加重被告人的刑罚。共同犯罪案件中，人民检察院针对部分被告人的判决提出抗诉，或者自诉人只对部分被告人的判决提出上诉，第二审人民法院不得对其他同案被告人加重刑罚。

【案例】 认罪认罚后再上诉需特别谨慎

2021年，彭某某分别于7月底的一天晚上、8月初的一天晚上、8月20日左右的一天晚上三次容留吸毒人员胡某某，在其位于江西省进贤县某乡镇老家的房子一楼右边卧室内吸食毒品甲基苯丙胺（俗称"冰毒"）及甲基苯丙胺片剂（俗称"麻古"）。

审查起诉阶段，本案承办检察官向彭某某告知认罪认罚从宽制度，并就事实认定、量刑情节均听取值班律师的意见，依法提出认罪认罚从宽处罚的量刑建议。同时,彭某某在值班律师帮助下自愿签署了《认罪认罚具结书》。

2021年12月22日,进贤县法院以速裁程序对本案进行审理,被告人彭某某当庭表示自愿认罪认罚,对起诉书指控的犯罪事实、罪名均无异议。一审法院采纳了检察机关的量刑建议,对被告人彭某某依法判处有期徒刑十一个月,并处罚金人民币五千元。2021年12月24日,被告人彭某某不服判决,以量刑过重为由提出上诉。

进贤县检察院承办检察官收到上诉状后,认真翻看卷宗,并立即提审讯问彭某某,向其再次说明认罪认罚无正当理由上诉可能导致的法律后果,并问明其上诉理由系其认为一审判决量刑过重。

进贤县检察院经审查认为,被告人彭某某通过一审判决前的认罪认罚获得从宽量刑后,在没有新事实、新证据,原判事实认定清楚,证据确实、充分,原审诉讼程序依法、规范的情况下,无正当理由提出上诉,引起二审程序,不符合认罪认罚从宽制度初衷,浪费了国家司法资源,决定提出抗诉,建议二审法院取消从宽量刑,在依法认定其他量刑情节的基础上重新量刑,确保罪责刑相适应。

二审法院综合审查全案证据，认定原判决根据被告人彭某某的犯罪事实、情节及归案后的认罪悔罪表现，量刑并无不当。彭某某在一审法院宣判后，在事实、证据、量刑情节没有变化的情况下，以量刑过重为由提出上诉，试图通过法律上的投机换取更低的量刑，其行为违背了认罪认罚的基本原则和司法诚信，浪费司法资源的同时产生不良的示范效果。认罪认罚后无正当理由提出上诉，是对《认罪认罚具结书》的否认和撤销，其认罪认罚从宽处罚的条件不再具备，遂依法判决被告人彭某某有期徒刑一年，并处罚金人民币五千元。

10. 二审法院对上诉、抗诉案件应当如何处理？

（1）直接裁判

①裁定驳回上诉或抗诉，维持原判。第二审人民法院经过审理，认为原判认定事实清楚，证据确实、充分，适用法律正确、量刑适当，且不存在影响公正审判的违反法定诉讼程序的情形，应直接裁定驳回上诉或者抗诉，维持原判。

②直接改判适用于两种情形：一是原判认定事实没有错误，但适用法律有错误或者量刑不当，例如错误适用法律，认

定罪名错误等；适用法律正确但量刑畸轻、畸重等。二是原判认定案件事实不清或者证据不足，但经过第二审审理，查明了事实的，可以直接改判；经审理，认为证据仍然不足的，可以改判无罪。

（2）发回重审

①可以发回重审。原判决认定事实不清或证据不足的，第二审人民法院可以在查清事实后直接改判，也可以将案件发回原审人民法院重审。

②应当发回重审。无论原判决在实体上是否正确、合法，只要存在违反诉讼程序的五种情形之一，就应当发回原审人民法院重新审判：第一，违反《刑事诉讼法》有关公开审判的规定的；第二，违反回避制度的；第三，剥夺或者限制了当事人的法定诉讼权利，可能影响公正审判的；第四，审判组织的组成不合法的；第五，其他违反法律规定的诉讼程序，可能影响公正审判的。

11. 死刑复核程序的特点有哪些？

（1）死刑复核程序只适用于判处死刑的案件，包括判处死刑立即执行和判处死刑缓期二年执行的案件。

（2）死刑复核程序是强制程序，即对于死刑案件来说是必经程序。凡死刑案件，除最高人民法院判决的以外，都必须经过死刑复核程序，只有经过核准的死刑判决才能生效并交付执行。

（3）死刑复核程序是自动启动的。第一审程序非经公诉或自诉不得启动，第二审程序非经上诉或抗诉不得启动，而死刑复核程序是下级法院作出死刑判决后依法主动上报复核，无须控辩双方申请即应展开死刑核准活动。

（4）死刑复核权由特定的法院行使。各地在司法方面存在一定差异，为了统一死刑的适用，死刑复核程序将判处死刑的案件集中到高级人民法院和最高人民法院审核，有利于在掌握判处死刑的标准方面实现统一，防止出现冤错案件。按照刑事诉讼法的规定，对于死刑立即执行案件，须经最高人民法院核准；对于死刑缓期二年执行的案件，要由高级人民法院核准，即只有最高人民法院和高级人民法院才有死刑案件包括死刑缓期二年执行的案件核准权，其他法院无核准死刑的权力。死刑复核程序具有严格控制死刑适用的功能，它的良性运作有利于遏制滥杀，严防错杀。

12. 审判监督程序的启动主体有哪些？

有权提起审判监督程序的主体，限于下列机关、人员和组织。

（1）各级法院院长和审判委员会

我国《刑事诉讼法》第254条第1款规定："各级人民法院院长对本院已经发生法律效力的判决和裁定，如果发现在认定事实上或者在适用法律上确有错误，必须提交审判委员会处理。"

（2）最高人民法院和上级人民法院

我国《刑事诉讼法》第254条第2款规定："最高人民法院对各级人民法院已经发生法律效力的判决和裁定，上级人民法院对下级人民法院已经发生法律效力的判决和裁定，如果发现确有错误，有权提审或者指令下级人民法院再审。"

（3）最高人民检察院和上级人民检察院

我国《刑事诉讼法》第254条第3款规定："最高人民检察院对各级人民法院已经发生法律效力的判决和裁定，上级人民检察院对下级人民法院已经发生法律效力的判决和裁定，如果发现确有错误，有权按照审判监督程序向同级人民法院提出抗诉。"

第五章 刑事诉讼特别程序

1. 什么是未成年人刑事案件诉讼程序?

　　未成年人刑事案件是指未成年人实施的触犯刑法的案件。未成年人刑事案件诉讼程序是指按照《刑事诉讼法》和其他相关法律的规定,公安机关、人民检察院和人民法院等国家专门机关在对未成年人刑事案件进行立案、侦查、审查起诉、审判和执行等过程中所依据的特殊的方式和步骤。根据《刑法》及《未成年人保护法》的相关规定,在我国,刑事法意义上的未成年人是指已满14周岁不满18周岁的未成年人。《刑事诉讼法》对未成年人刑事案件诉讼程序作出特别的规定,主要是由未成年人刑事案件的特点决定的。这也使得该程序具有不同于普通程序的特点,对未成年犯罪嫌疑人、被告人实行教育、感化、挽救的方针和坚持教育为主、惩罚为辅的原则,是办理未成年人刑事案件的基本出发点。

2. 未成年人刑事案件诉讼程序的基本原则有哪些？

未成年人刑事案件诉讼程序的基本原则是指人民法院、人民检察院和公安机关在办理未成年人刑事案件过程中应当遵循的基本准则。它贯穿于未成年人刑事案件处理的全过程，对具体的诉讼制度及程序规则具有指导意义。主要包括：

（1）教育为主、惩罚为辅原则

《刑事诉讼法》第277条第1款规定："对犯罪的未成年人实行教育、感化、挽救的方针，坚持教育为主、惩罚为辅的原则。"立法在对犯罪的未成年人实行教育、感化、挽救的方针指导下，明确确立了教育为主、惩罚为辅的原则。教育为主、惩罚为辅原则要求公安司法人员在办理未成年人刑事案件中正确处理惩罚和教育的关系，要将教育工作放在首要的位置，惩罚则应当作为辅助的措施加以适用。

（2）未成年人诉讼权利特殊保护原则

为贯彻教育、感化、挽救的方针，实现教育为主、惩罚为辅的原则，《刑事诉讼法》对未成年人诉讼权利进行了特别的规定，即在享有成年犯罪嫌疑人、被告人诉讼权利的基础上，还特别赋予未成年犯罪嫌疑人、被告人一系列特殊的诉讼权利,并辅以相关制度保障其实现。《刑事诉讼法》第 277 条第 2 款规定,人民法院、人民检察院和公安机关办理未成年人刑事案件,应当保障未成年人行使其诉讼权利。为落实这一要求,立法规定应由熟悉未成年人身心特点的审判人员、检察人员、侦查人员承办案件,体现办案人员的专门化,以适应未成年人权利保障的需要。

(3) 全面调查原则

全面调查原则是指公安司法机关在办理未成年人刑事案件时,不仅要查明案件本身的情况,还应对未成年犯罪嫌疑人、被告人的家庭背景、生活环境、教育经历、个人性格、心理特征等,以及与犯罪和案件处理有关的信息做全面、细致的调查,必要时还要对其进行心理测评和鉴定。全面调查原则将未成年人刑事诉讼的关注视角从未成年犯罪嫌疑人、被告人的行为,拓展到未成年犯罪嫌疑人、被告人本人,这是刑法的刑罚个别化理念、教育刑理念以及再社会化理念在未成年人刑事诉讼中的反映。

(4) 分案处理原则

分案处理原则是指将未成年人刑事案件与成年人刑事案件在诉讼程序上相分离,对未成年人和成年人分别关押、分案审理、分别执行。《刑事诉讼法》第280条第2款规定:"对被拘留、逮捕和执行刑罚的未成年人与成年人应当分别关押、分别管理、分别教育。"坚持分案处理原则,主要是由于涉案未成年人思想不成熟,将其与成年人并案处理、同监一处,其很容易受到成年犯罪嫌疑人、被告人的不良影响,从而不利于对其进行教育和改造。该原则的内容主要包括三个方面:(1)在刑事诉讼中采用拘留、逮捕等强制措施关押未成年犯罪嫌疑人时,必须与成年犯罪嫌疑人分开看管;(2)在处理未成年人与成年人共同犯罪或者有牵连的案件时,尽量适用不同的诉讼程序,在不妨碍审理的前提下,坚持专门的办案机构或人员办理未成年人刑事案件;(3)在未成年人刑事案件审理完毕交付执行阶段,不得与成年人同住一个监所。

(5)不公开审理原则

不公开审理原则是指人民法院在审理未成年人刑事案件时,不对社会公开,不允许旁听和记者采访。《刑事诉讼法》第285条规定:"审判的时候被告人不满十八周岁的案件,不公开审理。但是,经未成年被告人及其法定代理人同意,未成年被告人所在学校和未成年人保护组织可以派代表到场。"这一规定使所有未成年人犯罪的案件都纳入了不公开审理原则的保护之中。

3. 未成年人刑事案件诉讼程序的基本制度有哪些?

未成年人刑事案件诉讼程序的基本制度是指公安机关、人民检察院及人民法院在处理未成年人刑事案件过程中,应予以特别遵守的具体准则。它为切实保障未成年人合法权益提供了有效的制度保障。主要包括:

(1) 合适成年人到场制度

《刑事诉讼法》第281条第1款规定:"对于未成年人刑事案件,在讯问和审判的时候,应当通知未成年犯罪嫌疑人、被告人的法定代理人到场。无法通知、法定代理人不能到场或者法定代理人是共犯的,也可以通知未成年犯罪嫌疑人、被告人的其他成年亲属,所在学校、单位、居住地基层组织或者未成年人保护组织的代表到场,并将有关情况记录在案……"合适成年人到场制度主要包括以下内容:首先,讯问和审判未成年犯罪嫌疑人、被告人时,应当通知其法定代理人或其他合适成年人到场。其次,立法明确了合适成年人的范围。最后,根据《刑事诉讼法》第281条第1、2款的规定,到场的法定代理人可以代为行使未成年犯罪嫌疑人、被告人的诉讼权利;到场的法定代理人或者其他人员认为办案人员在讯问、审判中侵犯未成年人合法权益的,可以提出意见;讯问笔录、法庭笔录应当交给到场的法定代理人或者其他人员阅读或者向他宣读。此外,审判未成年人刑事案件,在未成年被告人最后陈述后,其法定代理人可以进行补充陈述。

(2) 法律援助制度

《刑事诉讼法》第278条规定:"未成年犯罪嫌疑人、被告人没有委托辩护人的,人民法院、人民检察院、公安机关应当通知法律援助机构指派律师为其提供辩护。"由此可见,在未成年人刑事诉讼程序中贯穿着全程法律援助制度,实行无条件的法律援助。在刑事诉讼中,只要未成年犯罪嫌疑人、被告人没有委托辩护人,办案机关就应当通知法律援助机构指派律师为其提供辩护,而不论其经济是否困难,也不论其涉嫌犯罪是否严重,也不以其本人及其近亲属是否提出法律援助的申请为前提。这种无条件的法律援助可以最大程度保障未成年犯罪嫌疑人、被告人的合法权益。

(3) 社会调查制度

社会调查制度是指公安司法机关在办理未成年人刑事案件

时，由法定的社会调查主体对未成年犯罪嫌疑人、被告人的成长经历、犯罪原因、监护教育等情况进行全面调查，并形成社会调查报告。作为办案和教育的参考依据的未成年人特别保护制度，社会调查制度是实现全面调查原则的制度依托和现实途径。我国《刑事诉讼法》《最高人民法院关于适用〈中华人民共和国刑事诉讼法〉的解释》《人民检察院刑事诉讼规则》等相关法律法规对社会调查制度的主体、内容以及作用等作出了明确的规定，形成了较为完整的制度体系。

(4) 附条件不起诉制度

附条件不起诉是指检察机关对于罪行较轻的未成年犯罪嫌疑人，由于没有立即追诉的必要而作出暂时不予提起公诉的决定，并要求其在一定的期限内履行一定的义务。在法律规定的期限内，如果犯罪嫌疑人没有违反法律的相关规定，并且履行了所要求的义务，检察机关就应作出不起诉的决定。否则，检察机关将依法对其提起公诉。

(5) 犯罪记录封存制度

《刑事诉讼法》第286条规定："犯罪的时候不满十八周岁，被判处五年有期徒刑以下刑罚的，应当对相关犯罪记录予以封存。犯罪记录被封存的，不得向任何单位和个人提供，但司法机关为办案需要或者有关单位根据国家规定进行查询的除外。依法进行查询的单位，应当对被封存的犯罪记录的情况予以保密。"

4. 刑事和解可以适用的案件范围是哪些？

根据《刑事诉讼法》第288条的规定，仅在以下两类案件中可以适用刑事和解：（1）因民间纠纷引起，涉嫌《刑法》分则第四章、第五章规定的犯罪案件，可能判处3年有期徒刑以下刑罚的。首先，该类刑事案件起因于民间纠纷。所谓民间纠纷，是指公民之间有关人身、财产权益的纠纷和其他日常生活中发生的纠纷。其次，此处"3年有期徒刑以下刑罚"是指宣告刑而非法定刑。也就是说，即便法定刑在3年有期徒刑以上的，只要综合全案证据判断其有可能被处以3年有期徒刑以下刑罚，也可以适用刑事和解的规定。（2）除渎职犯罪以外的可能判处7年有期徒刑以下刑罚的过失犯罪案件。刑事和解的适用需要考虑犯罪嫌疑人、被告人的主观恶性，一般认为过失犯罪相较于故意犯罪而言其主观恶性较小，较容易取得被害人的谅解。在保障被害人合法权益的同时，为了有利于对犯罪嫌疑人的教育改造，应当允许此类案件适用刑事和解。

5. 刑事和解的构成要件有哪些？

根据《刑事诉讼法》第288条的规定，审查适用刑事和解的公诉案件时应当考察以下四个方面的条件：

（1）犯罪嫌疑人、被告人是否真诚悔罪

刑事和解必然要以犯罪嫌疑人、被告人的真诚悔罪为必要条件。所谓真诚悔罪，是指犯罪嫌疑人、被告人已经充分认识到自己的犯罪行为给被害人等相关人员和组织带来的损害，并且通过积极赔偿、赔礼道歉等方式表现出来。

（2）是否获得被害人谅解

被害人谅解是达成刑事和解的决定性条件。刑事和解以当事人双方，特别是被害人的和解意愿为前提，而被害人谅解是被害人表达和解意愿的行为方式。如果只有犯罪嫌疑人、被告人表示悔罪，而被害人没有表达对其谅解，那么刑事和解也无从达成。

（3）被害人是否自愿和解

被害人作出谅解并且达成和解协议是出于其自由意志作出

的，而非受到外来压力的影响而作出。

（4）犯罪嫌疑人、被告人在5年内是否曾故意犯罪

根据《刑事诉讼法》的规定，达成和解协议之后，可以对犯罪嫌疑人、被害人作出从宽处罚。犯罪嫌疑人、被告人如果在5年以内有过故意犯罪，说明其主观恶性较大，在这样的状况下，无从适用刑事和解。

6. 当事人和解的公诉案件诉讼程序的意义有哪些？

第一，刑事和解可以作为从宽处罚的依据。《刑事诉讼法》第290条规定："对于达成和解协议的案件，公安机关可以向人民检察院提出从宽处理的建议。人民检察院可以向人民法院提出从宽处罚的建议；对于犯罪情节轻微，不需要判处刑罚的，可以作出不起诉的决定。人民法院可以依法对被告人从宽处罚。"

第二，刑事和解有约束双方当事人的效力。和解的双方当事人应当自觉履行和解协议书的内容。根据《人民检察院刑事诉讼规则》和《最高人民法院关于适用〈中华人民共和国刑事诉讼法〉的解释》等的规定，一般而言，被告人负有及时

履行和解协议约定赔偿损失内容的义务，且须在人民检察院作出从宽处理决定之前完成，例外情形下可分期履行。

第三，刑事和解可以作为人民法院不予受理附带民事诉讼的依据。《最高人民法院关于适用〈中华人民共和国刑事诉讼法〉的解释》第594条规定，双方当事人在侦查、审查起诉期间已经达成和解协议并全部履行，被害人或者其法定代理人、近亲属又提起附带民事诉讼的，人民法院不予受理，但有证据证明和解违反自愿、合法原则的除外。

此外，《人民检察院刑事诉讼规则》专条规定了和解协议书无效的情形。该规则第504条规定，犯罪嫌疑人或者其亲友等以暴力、威胁、欺骗或者其他非法方法强迫、引诱被害人和解，或者在协议履行完毕之后威胁、报复被害人的，应当认定和解协议无效。

【案例】 及时且有效的和解能够更好地解决社会矛盾，降低被告人可能遭受的刑罚

2013年10月16日，被告人何某某与被害人简某君等人驾车到增城市百花林某某滑水俱乐部游玩。15时许，当被害人简某君站在水库浮台边时，被告人何某某突然抱住被害人简某君跳入水中，导致被害人简某君溺水死亡。

在案发后，被告人何某某与被害人简某君的家属达成和解协议，赔偿500万元澳门币。后法院认定何某某犯过失致人死亡罪，判处有期徒刑一年六个月，缓刑二年。

7. 缺席审判的种类有哪些？

根据《刑事诉讼法》的规定，刑事诉讼中存在四种类型的缺席审判：

（1）被追诉人潜逃境外的缺席审判

对于贪污贿赂犯罪案件，以及需要及时进行审判，经最高人民检察院核准的严重危害国家安全犯罪、恐怖活动犯罪案件，犯罪嫌疑人、被告人潜逃境外，监察机关、公安机关移送起诉，人民检察院认为犯罪事实已经查清，证据确实、充分，依法应当追究刑事责任的，可以向人民法院提起公诉。人民法院进行审查后，对于起诉书中有明确的指控犯罪事实，符合缺席审判程序适用条件的，应当决定开庭审理。

（2）被告人患严重疾病的缺席审判

因被告人患有严重疾病无法出庭，中止审理超过6个月，被告人仍无法出庭，被告人及其法定代理人、近亲属申请或者同意恢复审理的，人民法院可以在被告人不出庭的情况下缺席审理，依法作出判决。

(3) 审理中被告人死亡的缺席审判

被告人死亡的，人民法院应当裁定终止审理，但有证据证明被告人无罪，人民法院经缺席审理确定无罪的，应当依法作出判决。

(4) 再审案件的缺席审判

人民法院按照审判监督程序重新审判的案件，被告人死亡的，人民法院可以缺席审理，依法作出判决。法律设置该类型的缺席审判程序的目的在于纠正冤假错案，维护司法正义，保障被告人及其亲友的人格利益与合法权益。

8. 缺席审判的管辖法院如何确定？

《刑事诉讼法》第291条第2款规定了缺席审判的级别管辖和地域管辖，即由犯罪地、被告人离境前居住地或者最高人民法院指定的中级人民法院管辖。由于适用缺席审判程序的三类案件都是性质比较严重、案情重大或者影响重大的刑事案件,被告人又在境外,审理此类案件时需要更加慎重,确保审判质量,因此将缺席审判的案件交由中级人民法院一审。地域管辖的功能在于确定管辖的法院,进而相应地确定负责调查、侦查和审查起诉的监察机关、公安机关和检察机关,具有十分重要的意义。刑事案件由犯罪地人民法院管辖,是划分地域管辖的一般原则。缺席审判的案件由犯罪地的人民法院管辖,有利于及时收集证据、查明案情,有利于诉讼参与人就近参加诉讼,并便于群众旁听案件。犯罪地包括犯罪预备地、犯罪行为实施地、犯罪结果地等。如果犯罪地管辖不便,可以由被告人离境前居住地管辖。这里所说的"被告人离境前居住地",是指被告人的户籍地和被告人离境前在国内的常住地。如果存在被告人在犯罪地、离境前居住地民愤大或者案件影响大等特殊情况,或者被告人犯罪地、离境前居住地不明,或者最高人民法院认为由其他地方的中级人民法院管辖更为合适的,则由最高人民法院指定的中级人民法院管辖。

9. 缺席审判的权利保障有哪些?

根据《刑事诉讼法》第293条规定,缺席审判程序中被告人的辩护权包含以下两方面内容：

第一，除被告人有权亲自委托辩护人之外，其近亲属可以代为委托辩护人。在常规的对席审判中，委托辩护人的主体是犯罪嫌疑人、被告人，并不包括近亲属。在缺席审判中，之所以将委托辩护人的主体扩大，将近亲属纳入其范围，是因为缺席审判与对席审判在保护被告人诉讼权利方面是有很大差别的。第二，适用人民法院通知法律援助机构指派律师辩护的情形是"被告人及其近亲属没有委托辩护人"。与《刑事诉讼法》第35条关于法律援助适用条件的规定有所不同，缺席审判程序的法律援助在适用条件上更为宽松，无论被告人或其近亲属是基于经济上的原因无力委托律师，还是基于经济困难之外的其他原因没有委托辩护人，均得以适用法律援助的相关规定，即此时人民法院应当通知法律援助机构指派律师为其提供辩护，进行无条件限定的指定辩护。

缺席审判程序中关于上诉权最为特别的规定是赋予了被告人的近亲属独立的上诉权。被告人作为案件的当事人，有着当然的独立上诉权，上诉后的法律后果由被告人承担。而被告人的近亲属在缺席审判制度中也享有独立的上诉权，即被告人的近亲属可以根据自己的意愿作出是否上诉的决定。若依据《刑事诉讼法》的一般规定，近亲属只有在征得被告人同意后才可提起上诉，将会严重影响被告人上诉权的行使。为避免被告人缺席而导致的上诉权行使拖延，也为保障被告人近亲属的相关利益，应当赋予被告人近亲属独立的上诉权，即规定"被告人或者其近亲属不服判决的，有权向上一级人民法院上诉"。

10. 违法所得没收程序的适用案件范围是什么？

犯罪嫌疑人、被告人逃匿、死亡案件违法所得的没收程序，是指当某些案件中犯罪嫌疑人、被告人逃匿或者死亡时，追缴其违法所得及其他涉案财产所特有的方式、方法和步骤。《刑事诉讼法》第298条第1款规定，对于贪污贿赂犯罪、恐怖活动犯罪等重大犯罪案件，犯罪嫌疑人、被告人逃匿，在通缉1年后不能到案，或者犯罪嫌疑人、被告人死亡，依照《刑法》规定应当追缴其违法所得及其他涉案财产的，人民检察院可以向人民法院提出没收违法所得的申请。在具体理解方面，立法机关认为适用违法所得没收程序应当同时具备以下三个条件：第一，该程序只能适用于贪污贿赂犯罪、恐怖活动犯罪等重大犯罪案件。第二，犯罪嫌疑人、被告人必须是逃匿后在通缉 1 年后不能到案的，或者犯罪嫌疑人、被告人死亡的。第三，依照《刑法》规定应当追缴其违法所得及其他涉案财产的。

11. 违法所得没收程序的审判法院是什么？

根据《刑事诉讼法》第 299 条的规定，没收违法所得的申请，由犯罪地或者犯罪嫌疑人、被告人居住地的中级人民法院组成合议庭进行审理。人民法院受理没收违法所得的申请后，应当发出公告，公告期间为 6 个月。人民法院在公告期满后对没收违法所得的申请进行审理。

12. 强制医疗程序适用的条件有哪些？

强制医疗是出于避免社会危害和保障精神疾病患者健康利益的目的，而采取的一项对精神疾病患者的人身自由予以一定限制，并对其所患精神疾病进行治疗的特殊保安处分措施。依据《刑事诉讼法》第 302 条的规定，行为人如果同时满足以下三个条件，可以予以强制医疗：（1）主体条件：犯罪嫌疑人、被告人是经法定程序鉴定依法不负刑事责任的精神病人。(2) 行为条件：犯罪嫌疑人、被告人实施暴力行为，危害公共安全或者严重危害公民人身安全。(3) 危害性条件：犯罪嫌疑人、被告人有继续危害社会的可能性。

13. 强制医疗程序的启动方式有哪些？

依据《刑事诉讼法》第303条的规定，强制医疗的启动程序可以分为以下两种方式：一是检察院申请启动，即对于公安机关移送的强制医疗意见书或者在审查起诉过程中发现精神病人符合强制医疗条件的，人民检察院应当向人民法院提出强制医疗的申请。二是法院决定启动，即人民法院在审理案件过程中发现被告人符合强制医疗条件的，可以作出强制医疗的决定。上述启动方式确立了检察院和法院强制医疗启动主体的法律地位，从而明确排除了公安机关、精神病人的监护人、法定代理人以及受害人的程序启动权。其中，公安机关发现精神病人符合强制医疗条件的，应当制作强制医疗意见书，移送人民检察院，并由人民检察院向人民法院提出强制医疗的申请。

第六章 刑事执行程序

1. 执行的依据有哪些?

刑事诉讼中的执行是指人民法院将已经发生法律效力的判决和裁定交付执行机关,以实施其确定的内容,以及处理执行中的诉讼问题而进行的各种活动。人民法院发生法律效力的刑事判决和裁定,是执行机关对罪犯实施惩罚和改造的法律依据。根据我国《刑事诉讼法》第259条和有关法律的规定,人民法院发生法律效力的刑事判决和裁定,主要有以下几种:

第一,已过法定期限没有上诉、抗诉的判决和裁定,即地方各级人民法院作出的上诉期满而没有上诉或抗诉的第一审判决和裁定。

第二,终审的判决和裁定,即中级、高级人民法院第二审案件的判决和裁定,最高人民法院第一审和第二审案件的判决和裁定。

第三,最高人民法院核准的死刑判决和高级人民法院核准的死刑缓期二年执行的判决。

第四,最高人民法院核准的在法定刑以下处刑的判决和裁定。

2. 各类判决、裁定的执行机关分别是什么?

生效判决和裁定因内容不同,执行机关也不相同。根据《刑事诉讼法》第260条、第271条、第272条的规定,死刑、罚金和没收财产的判决和裁定,以及无罪或免除刑罚的判决,均由人民法院自己执行。人民法院在执行没收财产的判决时,必要的时候,可以会同公安机关执行。《刑事诉讼法》第264条第2款规定:"对被判处死刑缓期二年执行、无期徒刑、有期徒刑的罪犯,由公安机关依法将该罪犯送交监狱执行刑罚。对被判处有期徒刑的罪犯,在被交付执行刑罚前,剩余刑期在三个月以下的,由看守所代为执行。对于被判处拘役的罪犯,由公安机关执行。"第264条第3款规定:"对未成年犯应当在未成年犯管教所执行刑罚。"第269条规定:"对被判处管制、宣告缓刑、假释或者暂予监外执行的罪犯,依法实行社区矫正,由社区矫正机构负责执行。"第270条规定:"对被判处剥夺政治权利的罪犯,由公安机关执行。执行期满,应当由执行机关书面通知本人及其所在单位、居住地基层组织。"

3. 死刑执行的变更情形有哪些？

《刑事诉讼法》第262条、第263条在执行死刑的程序中规定了停止执行死刑和暂停执行死刑两种变更执行的情况。这些规定体现了我国在适用死刑上的慎重态度。根据《刑事诉讼法》第262条的规定，下级人民法院在接到最高人民法院执行死刑的命令后，应当在7日以内交付执行，但是发现有下列情形之一的，应当停止执行，并且立即报告最高人民法院，由最高人民法院作出裁定：（1）在执行前发现判决可能有错误的；（2）在执行前罪犯揭发重大犯罪事实或者有其他重大立功表现，可能需要改判的；（3）罪犯正在怀孕的。

死缓执行的变更，即死刑缓期二年执行的变更。根据《刑事诉讼法》第261条第2款的规定，被判处死刑缓期二年执行的罪犯，在死刑缓期执行期间，如果没有故意犯罪，死刑缓期执行期满，应当予以减刑的，由执行机关提出书面意见，报请高级人民法院裁定；如果故意犯罪，情节恶劣，查证属实，应当执行死刑的，由高级人民法院报请最高人民法院核准；对于故意犯罪未执行死刑的,死刑缓期执行的期间重新计算,并报最高人民法院备案。

4. 监外执行的适用条件有哪些?

监外执行是指被判处有期徒刑、拘役的罪犯,本应在监狱或其他执行场所服刑,但由于出现了法律规定的某种特殊情形,不适宜在监狱或其他执行场所执行刑罚时,暂时采取的一种变通执行方法。我国《刑事诉讼法》第265条第1款规定:"对被判处有期徒刑或者拘役的罪犯,有下列情形之一的,可以暂予监外执行:(一)有严重疾病需要保外就医的;(二)怀孕或者正在哺乳自己婴儿的妇女;(三)生活不能自理,适用暂予监外执行不致危害社会的。"第265条第2款规定:"对被判处无期徒刑的罪犯,有前款第二项规定情形的,可以暂予监外执行。"根据以上两款规定,监外执行只限于上述几种情况。

5. 减刑、假释的具体程序是什么？

减刑是指被判处管制、拘役、有期徒刑、无期徒刑的罪犯，在执行期间，如果认真遵守监规，接受教育改造，确有悔改表现的，或者有立功表现的，可以依法对其减轻原判的刑罚。减刑可以由较重的刑罚减为较轻的刑罚（只限于无期徒刑减为有期徒刑），也可以由较长的刑期减为较短的刑期。根据原判处刑罚的不同，分别报请不同的人民法院审核裁定：第一，对被判处死刑缓期执行的罪犯的减刑，由罪犯服刑地的高级人民法院根据同级监狱管理机关审核同意的减刑建议书裁定。第二，对被判处无期徒刑的罪犯的减刑，由罪犯服刑地的高级人民法院，在收到同级监狱管理机关审核同意的减刑建议书后 1 个月内作出裁定，案情复杂或者情况特殊的，可以延长 1 个月。第三，对被判处有期徒刑和被减为有期徒刑的罪犯的减刑，由罪犯服刑地的中级人民法院，在收到执行机关提出的减刑建议书后 1 个月内作出裁定，案情复杂或者情况特殊的，可以延长 1 个月。第四，对被判处拘役、管制的罪犯的减刑，由罪犯服刑地中级人民法院，在收到同级执行机关审核同意的减刑建议书后 1 个月内作出裁定。

假释是指被判处有期徒刑的罪犯原判刑期执行 1/2 以上，被判处无期徒刑的罪犯实际刑期执行 10 年以上，如果认真遵守监规，接受教育改造，确有悔改表现，不致再危害社会的，可以附条件地将其提前释放。如果有特殊情节，经最高人民法院核准，假释也可以不受上述执行刑期的限制。假释的程序与减刑程序基本相同。监狱等刑罚执行机关在报请人民法院审核裁定减刑、假释时，必须做到材料完备、手续齐全，以保证人民法院审理活动的顺利进行。

6. 对于新罪、漏罪，如何处理？

新罪是指罪犯在服刑期间又犯的新罪行；漏罪是指判决生效后在执行过程中发现的罪犯在判决宣告以前所犯的尚未判决的罪行。《刑事诉讼法》第 273 条第 1 款规定："罪犯在服刑期间又犯罪的，或者发现了判决的时候所没有发现的罪行，由执行机关移送人民检察院处理。"具体而言，在刑罚执行期间，如果发现了罪犯在判决宣告以前所犯的尚未判决的漏罪，或者罪犯实施了脱逃、伤害等新罪，由监狱等有管辖权的机关进行侦查。侦查终结后，将起诉意见书连同案卷材料、证据一并移送人民检察院。人民检察院应向有管辖权的人民法院起诉。人民法院应依法进行审判，将罪犯的新罪或漏罪所判处的刑罚与原判决尚未执行完毕的刑期，按数罪并罚的原则，决定应当执行的刑罚。

对罪犯脱逃后又犯新罪，应分情况处理。如果新罪是在被捕以后发现的，应按前述管辖和处理程序进行追究；如果罪犯所犯罪行是在犯罪地发现的，由犯罪地的公安机关、人民检察院、人民法院依照管辖范围和法定程序进行处理。判决后，原则上仍送回原所在监狱执行。

7. 人民检察院如何实现对执行活动的监督？

执行监督是指人民检察院对人民法院已经发生法律效力的判决、裁定的执行是否合法实行法律监督的活动。

（1）人民检察院对执行死刑的监督

《刑事诉讼法》第263条第1款规定："人民法院在交付执行死刑前，应当通知同级人民检察院派员临场监督。"发现有下列情形之一的，应当建议人民法院停止执行：① 被执行人并非应执行死刑的罪犯的；② 罪犯犯罪时不满18周岁的；

③ 判决可能有错误的；④ 在执行前罪犯检举揭发重大犯罪事实或者有其他重大立功表现，可能需要改判的；⑤ 罪犯正在怀孕的。在执行死刑过程中，根据需要，人民检察院临场监督人员可以进行拍照、摄像；执行死刑后，人民检察院临场监督人员应检查罪犯是否确已死亡，并填写死刑临场监督笔录，签字后入卷归档。

（2）人民检察院对暂予监外执行的监督

《刑事诉讼法》第266条规定："监狱、看守所提出暂予监外执行的书面意见的，应当将书面意见的副本抄送人民检察院。人民检察院可以向决定或者批准机关提出书面意见。"第267条规定："决定或者批准暂予监外执行的机关应当将暂予监外执行决定抄送人民检察院。人民检察院认为暂予监外执行不当的，应当自接到通知之日起一个月以内将书面意见送交决定或者批准暂予监外执行的机关，决定或者批准暂予监外执行的机关接到人民检察院的书面意见后，应当立即对该决定进行重新核查。"

（3）人民检察院对减刑、假释的监督

《刑事诉讼法》第274条规定："人民检察院认为人民法院减刑、假释的裁定不当，应当在收到裁定书副本后二十日以内，向人民法院提出书面纠正意见。人民法院应当在收到纠正意见后一个月以内重新组成合议庭进行审理，作出最终裁定。"

(4) 人民检察院对执行刑罚活动的监督

《刑事诉讼法》第276条规定："人民检察院对执行机关执行刑罚的活动是否合法实行监督。如果发现有违法的情况，应当通知执行机关纠正。"这是《刑事诉讼法》关于人民检察院对执行机关执行刑罚活动进行监督的原则性规定。这里所说的人民检察院对执行机关执行刑罚活动的监督，是指对除《刑事诉讼法》已有专条规定之外的一切执行刑罚活动的监督。

(5) 人民检察院对社区矫正活动的监督

《人民检察院刑事诉讼规则》第643条规定，人民检察院依法对社区矫正执法活动进行监督，发现有下列情形之一的，应当依法提出纠正意见：① 社区矫正对象报到后，社区矫正机构未履行法定告知义务，致使其未按照有关规定接受监督管理的；② 违反法律规定批准社区矫正对象离开所居住的市、县，或者违反人民法院禁止令的内容批准社区矫正对象进入特定区域或者场所的；③ 没有依法监督管理而导致社区矫正对象脱管的;④社区矫正对象违反监督管理规定或者人民法院的禁止令,未依法予以警告、未提请公安机关给予治安管理处罚的;⑤对社区矫正对象有殴打、体罚、虐待、侮辱人格、强迫其参加超时间或者超体力社区服务等侵犯其合法权利行为的;⑥未依法办理解除、终止社区矫正的;⑦其他违法情形。

第三部分

中华人民共和国治安管理处罚法

Part III

Public Security Administration Punishments Law of the People's Republic of China

第一章　总则

1.《治安管理处罚法》的立法目的是什么？

我国制定《治安管理处罚法》是社会主义法治建设的重要一环，根据《治安管理处罚法》第1条的规定，本法的立法目的主要包括以下四个方面：

第一，维护社会治安秩序。良好的社会治安秩序是社会稳定、有序的基础。对于因违反治安管理行为引起的矛盾和纠纷，不及时依法妥善解决，就有可能激化社会矛盾，甚至酿成犯罪。要维护良好的社会治安秩序，必须依法加强社会治安管理工作，采取有效措施，预防和打击各种违反社会治安管理的行为。

第二，保障公共安全。公共安全涉及不特定多数人的人身、财产的安全，而妨害公共安全的违法行为具有较大危险性的，可能给人民生命、财产造成巨大损失。因此，对行为人实施了《治安管理处罚法》规定的妨害公共安全的违法行为，要依照相关规定予以处罚。

第三，保护公民、法人和其他组织的合法权益。《治安管理处罚法》保护公民、法人和其他组织的合法权益的目的，是通过处罚侵犯公民、法人和其他组织的合法权益的违法行为予以体现的。

第四，规范和保障公安机关及其人民警察依法履行治安管理职责。依法行政是指行政权的设定必须有法律依据，行政权的行使必须依法进行，不得超越法定权限，也不得违反法定程序。《治安管理处罚法》作为治安管理工作方面的一部法律，规范公安机关及其人民警察依法履行治安管理职责是其重要内容。

2. 什么是违反治安管理的行为？

违反治安管理行为，是指各种扰乱社会秩序、妨害公共安全、侵犯人身权利、财产权利、妨害社会管理，但尚不构成犯罪的行为。根据《治安管理处罚法》第2条的规定，违反治安管理行为具有以下三个特征：

第一，实施了违反治安管理的行为。《治安管理处罚法》以及其他治安管理方面的法律法规所要保护的社会关系，主要是正常的社会秩序、公共安全、公民的人身权利、公私财产权利等方面，其与刑法所要保护的社会关系在性质上是相同的，不同之处在于刑法规定的相关犯罪行为，对相应的社会关系侵害的程度要重于《治安管理处罚法》所规定的违反治安管理行为。

第二，具有社会危害性。法律是以保护特定的利益为目的的，法律保护特定利益的基本方式是给予违法行为一定的惩罚性后果，即由违法行为人承担相应的法律责任。违反治安管理的行为具有社会危害性，其违法形式主要表现为：行为人违反了法律规定；行为人违反了法律设定的禁止性义务，实施了法律禁止实施的行为；行为人违反了法律设定的命令性义务，不履行法律设定的义务。

第三，具有应受治安管理处罚性。任何违法行为都要承担相应的法律后果，但不同性质的违法行为的法律后果是不同的：民事违法行为要承担民事责任，如赔偿损失、返还原物、赔礼道歉等；刑事违法行为要承担刑事责任，如判处无期徒刑、有期徒刑、罚金、剥夺政治权利等；而违反治安管理行为承担的是行政责任，即予以治安管理处罚，如警告、拘留、罚款等。

【案例】"正当防卫"阻却违法性

案例简介:2022年4月29日20时许,家住茅坪镇金缸城村一组90号一单元3楼的郑某与丈夫刘某某到楼下二楼崔某某家门口,准备找崔某某、郑某某两人解决一楼楼道门被损坏一事,双方遂发生口角,并随后到一楼坝子继续争执。在争执过程中,郑某与郑某某发生抓打,相互抓扯对方头发,后被邻居分开。之后,刘某某之子刘某驾车赶到现场,在质问崔某某的过程中将郑某某推倒在地,崔某某上前动手阻止,刘某遂对崔某某进行殴打,经秭归县人民医院法医司法鉴定所鉴定,崔某某损伤程度构成轻微伤。

秭归县公安局经调查后认为,刘某的行为已构成殴打他人的违法行为,崔某某虽然有动手情节,但系为了免受正在进行的违反治安管理行为的侵害而采取的制止行为,且没有明显不当,不属于违反治安管理行为,根据我国《治安管理处罚法》相关规定,决定对违法行为人刘某行政拘留七日并处罚款200元。[1]

---

[1] 参见秭归县公安局秭公(茅)行罚决字〔2022〕50578号行政处罚决定书。

知识点：《治安管理处罚法》虽然没有明确的正当防卫条款，但公安部出台的相关规定中有"制止违反治安管理行为"的违法阻却条款，该条可视为"正当防卫"条款，即为了免受正在进行的违反治安管理行为的侵害而采取的制止违法侵害行为，不属于违反治安管理行为。但是对事先挑拨、故意挑逗他人对自己进行侵害，然后以制止违法侵害为名对他人加以侵害的行为，以及互相斗殴的行为，应当予以治安管理处罚。

3. 《治安管理处罚法》的适用范围是什么？

《治安管理处罚法》第4条规定："在中华人民共和国领域内发生的违反治安管理行为，除法律有特别规定的外，适用本法。在中华人民共和国船舶和航空器内发生的违反治安管理行为，除法律有特别规定的外，适用本法。"

我国领域是指我国国境以内的全部区域，包括领陆、领水及领空。在我国领域内违反治安管理的人，包括自然人、法人和其他组织。其中，自然人包括中国公民、外国人和无国籍人。

为了保证各国的外交人员正常开展工作，各国本着平等、相互尊重、互惠的原则，对于享有外交特权和豁免权、领事特权和豁免权的人予以一定的特权。对这些人员违反《治安管理处罚法》的，可以按照有关法律、国际公约、协议的规定，通过外交等途径解决。

我国的船舶和航空器，按照国际条约和国际惯例，视为我国领土的延伸部分，在此范围内发生的违反治安管理行为，应当适用《治安管理处罚法》。

4. 治安管理处罚的基本原则是什么？

《治安管理处罚法》第5条规定了治安管理处罚的六大原则：一是治安管理处罚以事实为依据原则；二是"错罚相当原则"，即处罚与违反治安管理行为的性质、情节以及社会危害程度相当原则；三是公开原则；四是公正原则；五是尊重和保障人权原则，保护公民的人格尊严原则；六是办理治安案件应当坚持教育与处罚相结合的原则。这六大原则是公安机关在行政执法中应当遵守的基本原则。

【案例】 治安管理处罚应当坚持"错罚相当原则"

案例简介：李某某因乐清市大荆镇油岙村村民委员会拖欠其工程款 14.2 万元，多次前去索讨，均无果。2014 年 4 月 15 日下午，李某某再次来到村民委员会办公处索要欠款时与村支部书记发生争执。期间，李某某踹了村会议室大门一脚，导致大门门锁侧边固定铁翼螺丝松动，不能正常关闭。村支部书记报警后，乐清市公安局大荆派出所派员出警至现场，并于当日立案受案，4 月 16 日作出处罚决定，认定李某某故意损坏公私财物，影响了村委会正常办公，根据《治安管理处罚法》第 49 条的规定，决定对其行政拘留五日。李某某不服，提起行政诉讼。

法院经审理认为，本案系因第三人乐清市大荆镇油岙村村民委员会未能及时偿付原告工程款而引发。原告脚踹第三人会议室大门一下，导致门锁固定翼螺丝松动，这一损害后果轻微。从纠纷发生的原因、实际损害后果等方面分析，应属于《治安管理处罚法》第 19 条第 1 项规定的"情节特别轻微"情形，依法应减轻或者不予处罚。被告认定原告的行为系故意损毁公私财物，适用《治安管理处罚法》第 49 条的规定，对其处以行政拘留五日的处罚,明显存在过罚失当,属适用法律错误,应予以撤销。据此,依照《行政诉讼法》相关规定,判决撤销乐清市公安局作出的该行政处罚决定。①

知识点:所谓"错罚相当原则",是指治安管理处罚应当与违反治安管理行为的性质、情节以及社会危害程度相当。本案的判决结果表明,公安机关要根据违法行为本身的情节,如行为的手段、时间、地点以及违法行为的社会危害的大小等因素,确定应当适用的处罚的种类和幅度,即行为人所犯错误与其受到的惩罚要相适应,不能轻错重罚。只有这样,行政处罚才能够起到对违法行为人应有的惩罚和教育作用。

5. 什么是社会治安综合治理?

加强社会治安综合治理是解决我国社会治安问题的根本途径。《治安管理处罚法》第6条规定,各级人民政府应当加强社会治安综合治理,采取有效措施,化解社会矛盾,增进社会

---

① 参见浙江省乐清市人民法院(2014)温乐行初字第53号行政判决书。

和谐,维护社会稳定。

社会治安综合治理,是在各级党委、政府统一领导下,在充分发挥政法部门特别是公安机关骨干作用的同时,组织和依靠各部门、各单位和人民群众的力量,分工合作,综合运用政治的、经济的、行政的、法律的、文化的、教育的等多种手段,通过加强打击、防范、教育、管理、建设、改造等方面的工作,实现从根本上预防和治理违法犯罪,化解不安定因素,维护社会治安持续稳定的一项系统工程。

6. 治安管理由哪个部门主管?治安案件的管辖部门是什么?

《治安管理处罚法》第7条规定,全国的治安管理工作的主管部门是国务院公安部门。在地方,治安管理工作的主管部门是县级以上地方各级人民政府公安机关,具体包括各省、自治区、直辖市公安厅(局),各市、州公安局及其公安分局,各县(市)公安局等。

治安案件的管辖部门是违法行为地的公安机关。由违法行为人居住地公安机关管辖更为适宜的,可以由违法行为人居住地公安机关管辖,但是涉及卖淫、嫖娼、赌博、毒品的案件除外。违法行为地包括违法行为发生地和违法结果发生地。违法行为发生地,包括违法行为的实施地以及开始地、途经地、结束地等与违法行为有关的地点;违法行为有连续、持续或者继续状态的,违法行为连续、持续或者继续实施的地方都属于违法行为发生地。违法结果发生地,包括违法对象被侵害地、违法所得的实际取得地、藏匿地、转移地、使用地、销售地。居住地包括户籍所在地、经常居住地。经常居住地是指公民离开户籍所在地最后连续居住一年以上的地方,但在医院住院就医的除外。移交违法行为人居住地公安机关管辖的行政案件,违法行为地公安机关在移交前应当及时收集证据,并配合违法行为人居住地公安机关开展调查取证工作。

7. 行为人被治安管理处罚后是否还需要承担民事责任?

《治安管理处罚法》第8条规定,违反治安管理的行为对他人造成损害的,行为人或者其监护人应当依法承担民事责任。

需要说明的是,关于行为人被治安管理处罚后的民事责任的范围、承担方式等问题,需要依照有关民事法律予以确定。

8. 违反治安管理的案件哪些可以调解?哪些不可以调解?

治安案件是否可以调解处理,主要取决于行为人的主观恶性、社会危害性等要素,《治安管理处罚法》第9条规定了治安案件的调解问题。

对于因民间纠纷引起的殴打他人、故意伤害、侮辱、诽谤、诬告陷害、故意损毁财物、干扰他人正常生活、侵犯隐私、非法侵入住宅等违反治安管理行为,情节较轻,且具有下列情形之一的,可以调解处理:(1)亲友、邻里、同事、在校学生之间因琐事发生纠纷引起的;(2)行为人的侵害行为系由被侵害人事前的过错行为引起的;(3)其他适用调解处理更易化解矛盾的。对情节轻微、事实清楚、因果关系明确,不涉及医疗费用、物品损失或者双方当事人对医疗费用和物品损失的赔付无争议,符合治安调解条件,双方当事人同意当场调解并当场履行的治安案件,可以当场调解,并制作调解协议书。当事人基本情况、主要违法事实和协议内容在现场录音录像中明确记录的,不再制作调解协议书。

如果行为人具有下列情形之一的,则不适用调解方式处理:(1)雇凶伤害他人的;(2)结伙斗殴或者其他寻衅滋事的;(3)多次实施违反治安管理行为的;(4)当事人明确表示不愿意调解处理的;(5)当事人在治安调解过程中又针对对方实施违反治安管理行为的;(6)调解过程中,违法嫌疑人逃跑的;(7)其他不宜调解处理的。

第二章　处罚的种类和适用

1. 治安管理处罚的种类有哪些?

《治安管理处罚法》第 10 条规定了治安管理处罚的种类。我国的治安管理处罚主要包括警告、罚款、行政拘留和吊销公安机关发放的许可证。另外，对违反治安管理的外国人，可附加适用限期出境或者驱逐出境。

警告属于声誉罚，是行政处罚中最轻的一种处罚，主要适用于一些初次违反治安管理，且情节轻微、态度较好的人。

罚款属于财产罚，是对违反治安管理的人限令其在一定期限内向国家交纳一定数额金钱的行政处罚。

行政拘留属于自由罚，是对违反治安管理的人依法在一定时间内拘禁留置于法定处所，剥夺其人身自由的一种处罚方式。行政拘留是治安管理处罚种类中最严厉的处罚措施。

吊销公安机关发放的许可证属于资格罚，公安机关吊销的许可证只能是由公安机关发放的许可证，而不能吊销由其他机关颁发的许可证照。

限期出境和驱逐出境这两种附加处罚的适用对象只能是外国人、无国籍人，不适用于我国公民。

2. 对于外国人如何适用治安管理处罚？

对于外国人依法决定行政拘留的，由承办案件的县级以上（含县级）公安机关决定，不再报上一级公安机关批准。对于外国人需要依法适用限期出境、驱逐出境处罚的，由承办案件的公安机关逐级上报公安部或者公安部授权的省级人民政府公安机关决定，由承办案件的公安机关执行。对于外国人依法决定警告、罚款、行政拘留，并附加适用限期出境、驱逐出境的，应当在警告、罚款、行政拘留执行完毕后，再执行限期出境、驱逐出境。

3. 非法财物和违法所得的范围是什么？

公安机关对在办理行政案件中查获的下列物品应当依法收缴：（1）毒品、淫秽物品等违禁品；（2）赌具和赌资；（3）吸食、注射毒品的用具；（4）伪造、变造的公文、证件、证明文件、票证、印章等；（5）倒卖的车船票、文艺演出票、体育比赛入场券等有价票证；（6）主要用于实施违法行为的本人所有的工具以及直接用于实施毒品违法行为的资金；（7）法律、法规规定可以收缴的其他非法财物。

4. 公安机关对于收缴的非法财物应如何处理？

对收缴和追缴的财物，经原决定机关负责人批准，按照下列规定分别处理：（1）属于被侵害人或者善意第三人的合法财物，应当及时返还；（2）没有被侵害人的，登记造册，按照规定上缴国库或者依法变卖、拍卖后，将所得款项上缴国库；（3）违禁品、没有价值的物品，或者价值轻微，无法变卖、拍卖的物品，统一登记造册后销毁；（4）对无法变卖或者拍卖的危险物品，由县级以上公安机关主管部门组织销毁或者交有关厂家回收。

对应当退还原主或者当事人的财物，通知原主或者当事人在六个月内来领取；原主不明确的，应当采取公告方式告知原主认领。在通知原主、当事人或者公告后六个月内，无人认领的，按无主财物处理，登记后上缴国库，或者依法变卖或者拍卖后，将所得款项上缴国库。遇有特殊情况的，可酌情延期处理，延长期限最长不超过三个月。

5. 未成年人治安法律责任年龄是多大？

未成年人由于心智不成熟，控制自己行为和分辨善恶是非的能力相对于成年人而言较弱，往往不具备与成年人相当的理解和判断能力，因此对其进行处罚时需遵守"教育为主，惩罚为辅"的原则。《治安管理处罚法》的相关规定体现了该原则的精神，其第12条规定，已满十四周岁不满十八周岁的人违反治安管理的，从轻或者减轻处罚；不满十四周岁的人违反治安管理的，不予处罚，但是应当责令其监护人严加管教。

6. 如何处罚违法的醉酒的人？什么是保护性措施？

醉酒是行为人在清醒状态时不控制自己的饮酒量，放纵自己所致，完全是个人行为所导致的辨别、控制能力下降的状态。根据《治安管理处罚法》第15条规定，醉酒的人违反治安管理的，应当给予处罚。

同时，醉酒的人在醉酒状态中，对本人有危险或者对他人的人身、财产或者公共安全有威胁的，公安机关应当对其采取保护性措施约束至酒醒。当然，如果公安机关不正确采取保护性约束措施致使行为人受伤害的，可能承担相应的法律责任。

【案例】 公安机关不正确采取保护性约束措施行政赔偿案

案例简介：某日晚，王某某与他人在某歌舞厅消费后，结账时呈醉酒状态，不肯交清所消费款，并在舞厅呕吐，乱扔啤酒罐及辱骂舞厅服务员。110干警接到报警后，赶到现场并将王某某带到园林派出所。但值班民警当晚没有按照有关规定对王某某采取强制性醒酒措施，而是让王某某在值班室外自由休息，以致王某某翻越该所院墙逃离派出所时发生坠楼死亡事故。王某某父母遂向法院提起行政诉讼。

法院认为，醉酒的人精神处于极度兴奋之中或神经处于麻痹状态，处控能力差，易使其自身安全或他人安全受到威胁，为了醉酒者本人或他人的安全，公安机关应依法对处于醉酒状态的人"约束到酒醒"，使其恢复正常意识和控制自己行为的能力，消除隐患。公安机关将王某某带到派出所约束醒酒过程中，未采取有效措施加强监护，致使王某某在尚未酒醒的情况下翻墙脱离约束场所并发生了坠楼死亡的后果，按照《治安管理处罚法》"应当对其采取保护性措施约束至酒醒"的规定，属未完全履行职责和义务之行为。据此，公安机关对王某某在尚未酒醒的情况下脱离看管后坠楼死亡的损害后果，应承担一定的赔偿责任。

知识点1：从行政法的角度看，本案的情形属于不正确使用保护性措施致人损害的情形。公安机关一旦对违法行为人采取约束醒酒的具体行政行为时，随之亦产生了应当避免行为人发生人身危险的法定职责和义务。如果不正确履行上述法定职责和义务而致使损害结果发生的，需要承担一定的法律责任。

知识点2：保护性约束措施的种类和注意事项。公安机关可以对违法的醉酒的人采取保护性措施约束至酒醒，也可以通知其家属、亲友或者所属单位将其领回看管，必要时，应当送医院醒酒；对行为举止失控的醉酒人，可以使用约束带或者警绳等进行约束，但是不得使用手铐、脚镣等警械。保护性约束措施在性质上属于一种即时性限制人身自由的强制措施，公安机关采取该措施应当符合法定的前提条件：一是违法嫌疑人在醉酒状态中；二是对本人有危险或者对他人的人身、财产或者公共安全有威胁，即具有紧迫性。上述两个条件应同时具备。

7. 如何处罚有两种以上违法的行为？

处理实施两种以上违反治安管理行为的人在实践中比较常见，根据《治安管理处罚法》第16条规定，有两种以上违反治安管理行为的，分别决定，合并执行。行政拘留处罚合并执行的，最长不超过二十日。

需要注意的是，分别决定的前提是违反治安管理行为人实施了不同的违法行为，如果实施的是同种违法行为，则不能适用分别决定的规定，也就不存在合并拘留处罚的问题。

8. 如何处罚共同违法行为？

《治安管理处罚法》规定了共同违法行为的处罚。《治安管理处罚法》第17条规定，共同违反治安管理的，根据违反治安管理行为人在违反治安管理行为中所起的作用，分别处罚。教唆、胁迫、诱骗他人违反治安管理的，按照其教唆、胁迫、诱骗的行为处罚。

9. 如何处罚单位违法行为？

关于单位违反治安管理的处罚，采取对自然人处罚为主、对单位处罚为辅的原则，即主要针对直接负责的主管人员和其他责任人员进行处罚，如果其他法律、行政法规对同一行为规定了对单位处罚的，则依照规定予以处罚。

10. 哪些情形可以对违法行为人减轻处罚或不予处罚？如何认定"主动投案"？

《治安管理处罚法》第19条规定，违反治安管理有下列情形之一的，减轻处罚或者不予处罚：（1）情节特别轻微的；（2）主动消除或者减轻违法后果，并取得被侵害人谅解的；（3）出于他人胁迫或者诱骗的；（4）主动投案，向公安机关如实陈述自己的违法行为的；（5）有立功表现的。

主动投案是指违反治安管理的行为人自觉主动地向公安机关如实陈述自己的违法行为，并积极配合公安机关的查处工作。主动投案既包括行为人积极主动向公安机关投案，也包括在亲属规劝下的投案；既包括行为人亲自到公安机关投案，也包括以电话形式的投案。除向公安机关投案以外，行为人还可以向其所在单位、城乡基层组织或者其他有关负责人员投案。

11. 哪些情形需要对违法行为人从重处罚？

对于违反治安管理的行为人从重处罚，是指公安机关在法律、法规和规章规定的处罚方式和处罚幅度内，给予较重处罚，这主要是由行为人的主观恶性和社会危害性所决定的。《治安管理处罚法》第20条规定，违反治安管理有下列情形之一的，从重处罚：(1) 有较严重后果的；(2) 教唆、胁迫、诱骗他人违反治安管理的；(3) 对报案人、控告人、举报人、证人打击报复的；(4) 六个月内曾受过治安管理处罚的。

12. 哪些情形可以不予执行行政拘留?

实践中,对于一些特殊群体不宜执行行政拘留处罚。《治安管理处罚法》第 21 条规定,违反治安管理行为人有下列情形之一,依照本法应当给予行政拘留处罚的,不执行行政拘留处罚:(1)已满十四周岁不满十六周岁的;(2)已满十六周岁不满十八周岁,初次违反治安管理的;(3)七十周岁以上的;(4)怀孕或者哺乳自己不满一周岁婴儿的。

13. 违法行为人的追究时效是多长?如何计算?

《治安管理处罚法》规定了追究时效,其第 22 条规定,违反治安管理行为在六个月内没有被公安机关发现的,不再处罚。前款规定的期限,从违反治安管理行为发生之日起计算;违反治安管理行为有连续或者继续状态的,从行为终了之日起计算。

值得注意的是,如果被侵害人在追究时效内向公安机关提出控告,公安机关应受理而不受理,不受前述六个月追诉时效的限制。

第三章 违反治安管理的行为和处罚

1. 什么是扰乱机关单位、公共场所、公共交通和选举秩序的行为？对上述行为如何处罚？

《治安管理处罚法》第23条规定了五种扰乱机关单位、公共场所、公共交通和选举秩序的行为，具体包括：（1）扰乱机关、团体、企业、事业单位秩序，致使工作、生产、营业、医疗、教学、科研不能正常进行，尚未造成严重损失的；（2）扰乱车站、港口、码头、机场、商场、公园、展览馆或者其他公共场所秩序的；（3）扰乱公共汽车、电车、火车、船舶、航空器或者其他公共交通工具上的秩序的；（4）非法拦截或者强登、扒乘机动车、船舶、航空器以及其他交通工具，影响交通工具正常行驶的；（5）破坏依法进行的选举秩序的。

行为人有上述扰乱机关单位、公共场所、公共交通和选举秩序行为的，处警告或者二百元以下罚款；情节较重的，处五日以上十日以下拘留，可以并处五百元以下罚款。聚众实施上述五种违法行为的，对首要分子处十日以上十五日以下拘留，可以并处一千元以下罚款。

2. 什么是扰乱文化、体育等大型群众性活动秩序的行为？对上述行为如何处罚？

《治安管理处罚法》第24条规定了六种扰乱文化、体育等大型群众性活动秩序的行为，具体包括：（1）强行进入场内的；（2）违反规定，在场内燃放烟花爆竹或者其他物品的；（3）展示侮辱性标语、条幅等物品的；（4）围攻裁判员、运动员或者其他工作人员的；（5）向场内投掷杂物，不听制止的；（6）扰乱大型群众性活动秩序的其他行为。

行为人有上述扰乱文化、体育等大型群众性活动秩序行为的，处警告或者二百元以下罚款；情节严重的，处五日以上十日以下拘留，可以并处五百元以下罚款；因扰乱体育比赛秩序被处以拘留处罚的，可以同时责令其十二个月内不得进入体育场馆观看同类比赛；违反规定进入体育场馆的，强行带离现场。

【案例】 球迷冲入球场拥抱球员行政处罚案

案例简介：2023年6月15日晚，在北京工人体育场举办的一场足球比赛中，一位球迷从看台跳下冲入球场，拥抱自己喜爱的球员，并在球场中奔跑，后被工作人员带离，这位球迷的举动导致比赛一度中断。对于这位冲入球场的邸某某（男，18岁），朝阳公安分局依法对其行政拘留，同时责令其十二个月内，不得进入体育场馆观看同类比赛。

知识点：在本案中，公安机关责令禁止邸某某进入体育场馆观看的是"同类比赛"，即只能禁止其观看足球比赛，而非篮球、网球等其他比赛。

3. 什么是扰乱公共秩序的行为？如何处罚扰乱公共秩序的行为？

根据《治安管理处罚法》第25条的规定，扰乱公共秩序的行为主要包括三种：（1）散布谣言，谎报险情、疫情、警情或者以其他方法故意扰乱公共秩序的；（2）投放虚假的爆炸性、毒害性、放射性、腐蚀性物质或者传染病病原体等危险物质扰乱公共秩序的；（3）扬言实施放火、爆炸、投放危险物质扰乱公共秩序的。

行为人有上述扰乱公共秩序行为的，处五日以上十日以下拘留，可以并处五百元以下罚款；情节较轻的，处五日以下拘留或者五百元以下罚款。

4. 什么是寻衅滋事行为？如何处罚寻衅滋事的行为？

《治安管理处罚法》第26条规定了四种寻衅滋事行为，具体包括：（1）结伙斗殴的；（2）追逐、拦截他人的；（3）强拿硬要或者任意损毁、占用公私财物的；（4）其他寻衅滋事行为。

行为人有上述寻衅滋事行为的，处五日以上十日以下拘留，可以并处五百元以下罚款；情节较重的，处十日以上十五日以下拘留，可以并处一千元以下罚款。

【案例】 如何区分寻衅滋事行为与寻衅滋事罪的界限？

案例简介：2020年12月11日，被告人郑某某因生活琐事，通过电话、短信对被害人王某进行恐吓，扬言要杀死王某。12月12日16时许,郑某某携带刀具乘坐出租车前往北京市大兴区魏善庄镇王各庄村寻找王某,后被民警截获。郑某某随身物品中检查出刀具一把(刀身长93毫米)。经鉴定,被告人郑某某在案发时具有完全刑事责任能力。

北京市大兴区人民法院经审理后认为,被告人在主观上具有发泄情绪、借故生非的故意,客观上实施了恐吓他人的行为,其行为已构成寻衅滋事罪,依据相关法律规定,依法判处郑某某有期徒刑九个月。①

知识点:行为人构成寻衅滋事罪,需具备"情节恶劣"情节。

根据刑法的有关规定,如果行为人的寻衅滋事行为具备"情节恶劣"时,则构成寻衅滋事罪。以追逐、拦截、恐吓、辱骂他人为例,如果行为人具有下列情形之一的,就认定是"情节恶劣":(1)多次追逐、拦截、辱骂、恐吓他人,造成恶劣社会影响的;(2)持凶器追逐、拦截、辱骂、恐吓他人的;(3)追逐、拦截、辱骂、恐吓精神病人、残疾人、流浪乞

---

① 参见北京市大兴区人民法院(2021)京0115刑初811号刑事判决书。

讨人员、老年人、孕妇、未成年人，造成恶劣社会影响的；(4) 引起他人精神失常、自杀等严重后果的；(5) 严重影响他人的工作、生活、生产、经营的；(6) 其他情节恶劣情形。上述案例中，被告人郑某某的行为因符合上述第二种的情形，所以被以寻衅滋事罪定罪处罚。因此，行为人实施寻衅滋事的行为是违法行为还是犯罪行为，关键区别是行为情节的不同。

5. 什么是利用封建迷信、会道门进行非法活动的行为？对上述行为如何处罚？

《治安管理处罚法》第 27 条规定了两种利用封建迷信、会道门进行非法活动的行为：一是组织、教唆、胁迫、诱骗、煽动他人从事邪教、会道门活动或者利用邪教、会道门、迷信活动，扰乱社会秩序、损害他人身体健康的；二是冒用宗教、气功名义进行扰乱社会秩序、损害他人身体健康活动的。

邪教，是指冒用宗教、气功或者以其他名义建立、神化、鼓吹首要分子，利用制造、散布迷信邪说等手段蛊惑、蒙骗他人，发展、控制成员，危害社会的非法组织。会道门，是指以宗教异端信仰为特征的民间秘密结社组织，因多以会、道、门取名而简称会道门。中华人民共和国成立初期，会道门中少数自行瓦解，多数继续活动，有的受敌对势力控制成为反对新生政权的力量。

行为人有利用封建迷信、会道门进行非法活动行为的，处十日以上十五日以下拘留，可以并处一千元以下罚款；情节较轻的，处五日以上十日以下拘留，可以并处五百元以下罚款。

【案例】 如何区分利用封建迷信、会道门进行非法活动的行为与组织、利用会道门、邪教组织、利用迷信破坏法律实施罪的界限？

案例简介：2020年7月至8月间，被告人王某某在北京市门头沟区永定镇紫金新园二区某号其家中，用其手机向名为"欢乐颂"的微信群发送电子音视频、文字等内容。经认定并鉴定，上述内容有420条信息涉及全能神邪教，其中，347条电子音视频时长共计308分钟。同年8月18日，被告人王某某在其家中被民警依法传唤，并当场起获手机3部、存储卡6个、A4纸材料81页、纸质材料196页、纸质笔记本10本、书籍1本、存储设备1个、笔记本电脑1台。经鉴定，上述物品均涉及全能神邪教。

北京市门头沟区人民法院经审理后认为,被告人王某某利用通讯信息网络传播宣扬邪教的电子音视频 300 余分钟,破坏国家法律、行政法规实施,其行为已构成利用邪教组织破坏法律实施罪,应依法惩处,按照相关法律规定,判处被告人王某某有期徒刑二年,罚金人民币四千元。①

知识点:区分利用封建迷信、会道门进行非法活动的行为与组织、利用会道门、邪教组织、利用迷信破坏法律实施罪的界限,主要在于看行为是否属于"情节恶劣"。

根据 2017 年《最高人民法院、最高人民检察院关于办理组织、利用邪教组织破坏法律实施等刑事案件适用法律若干问题的解释》第 2 条规定,行为人具有下列情形之一的,可能构成组织、利用会道门、邪教组织、利用迷信破坏法律实施罪:(1)建立邪教组织,或者邪教组织被取缔后又恢复、另行建立邪教组织的。(2)聚众包围、冲击、强占、哄闹国家机关、企业事业单位或者公共场所、宗教活动场所,扰乱社会秩序的。(3)非法举行集会、游行、示威,扰乱社会秩序的。

---

① 参见北京市门头沟区人民法院(2020)京 0109 刑初 203 号刑事判决书。

(4) 使用暴力、胁迫或者以其他方法强迫他人加入或者阻止他人退出邪教组织的。(5) 组织、煽动、蒙骗成员或者他人不履行法定义务的。(6) 使用"伪基站""黑广播"等无线电台(站)或者无线电频率宣扬邪教的。(7) 曾因从事邪教活动被追究刑事责任或者二年内受过行政处罚,又从事邪教活动的。(8) 发展邪教组织成员五十人以上的。(9) 敛取钱财或者造成经济损失一百万元以上的。(10) 以货币为载体宣扬邪教,数量在五百张(枚)以上的。(11) 制作、传播邪教宣传品,达到下列数量标准之一的:① 传单、喷图、图片、标语、报纸一千份(张)以上的;② 书籍、刊物二百五十册以上的;③ 录音带、录像带等音像制品二百五十盒(张)以上的;④ 标识、标志物二百五十件以上的;⑤ 光盘、U盘、储存卡、移动硬盘等移动存储介质一百个以上的;⑥ 横幅、条幅五十条(个)以上的。(12) 利用通讯信息网络宣扬邪教,具有下列情形之一的:① 制作、传播宣扬邪教的电子图片、文章二百张(篇)以上,电子书籍、刊物、音视频五十册(个)以上,或者电子文档五百万字符以上、电子音视频二百五十分钟以上的;② 编发信息、拨打电话一千条(次)以上的;③ 利用在线人数累计达到一千以上的聊天室,或者利用群组成员、关注人员等账号数累计一千以上的通讯群组、微信、微博等社交网络宣扬邪教的;④邪教信息实际被点击、浏览数达到五千次以上的。(13) 其他情节严重的情形。

6. 如何处罚故意干扰无线电业务正常进行或者对正常运行的无线电台（站）产生有害干扰的行为？

《治安管理处罚法》第28条规定,违反国家规定,故意干扰无线电业务正常进行的,或者对正常运行的无线电台（站）产生有害干扰,经有关主管部门指出后,拒不采取有效措施消除的,处五日以上十日以下拘留;情节严重的,处十日以上十五日以下拘留。

7. 什么是侵入、破坏计算机信息系统的行为？如何处罚侵入、破坏计算机信息系统行为？

《治安管理处罚法》第29条规定了四种侵入、破坏计算机信息系统的行为,具体包括:（1）违反国家规定,侵入计算机信息系统,造成危害的;（2）违反国家规定,对计算机信息系统功能进行删除、修改、增加、干扰,造成计算机信息系统不能正常运行的;(3)违反国家规定,对计算机信息系统中存储、处理、传输的数据和应用程序进行删除、修改、增加的;(4)故意制作、传播计算机病毒等破坏性程序,影响计算机信息系统正常运行的。

行为人有侵入、破坏计算机信息系统的行为的,处五日以下拘留;情节较重的,处五日以上十日以下拘留。

【案例】 如何区分侵入、破坏计算机信息系统的行为与破坏计算机信息系统罪的界限?

案例简介:2016年8月16日,被告人唐某伙同他人在"苏州美罗精品"APP商城中选中商品,后在支付过程中通过使用网络工具"Fiddler"软件对美罗APP系统传输的数据包进行拦截、抓取,并将数据包中的商品价格篡改为0.01元进行非法交易,从中牟利。经鉴定,被告人唐某违法所得共计人民币5637.56元。

江苏省苏州市姑苏区人民法院经审理后认为,被告人唐某违反国家规定,伙同他人对被害单位计算机信息系统中传输的数据进行修改,从中牟利,违法所得人民币5637.56元,后果严重,其行为已构成破坏计算机信息系统罪,按照相关法律规定,依法判处拘役五个月,缓刑六个月。①

知识点:区分侵入、破坏计算机信息系统的行为与破坏计算机信息系统罪的界限,主要在于行为是否情节严重。

根据2011年《最高人民法院、最高人民检察院关于办理危害计算机信息系统安全刑事案件应用法律若干问题的解释》第1条的规定,非法获取计算机信息系统数据或者非法控制计算机系统,具有下列情形之一的,应当认定为《刑法》第285条第2款规定的"情节严重":(1)获取支付结算、证券交易、期货交易等网络金融服务的身份认证信息十组以上的;(2)获取第1项以外的身份认证信息五百组以上的;(3)非法控制计算机信息系统二十台以上的;(4)违法所得五千元以上或者造成经济损失一万元以上的;(5)其他情节严重的情形。上述案例中,被告人唐某就因符合上述第四种的情形,被以破坏计算机信息系统罪定罪处罚。

---

① 参见江苏省苏州市姑苏区人民法院(2017)苏0508刑初748号刑事判决书。

8. 什么是违反危险物质管理的行为？如何处罚违反危险物质管理的行为？

违反危险物质管理的行为，是指违反国家规定，制造、买卖、储存、运输、邮寄、携带、使用、提供、处置爆炸性、毒害性、放射性、腐蚀性物质或者传染病病原体等危险物质的行为。

根据《治安管理处罚法》第30条规定，对违反危险物质管理的行为，处十日以上十五日以下拘留；情节较轻的，处五日以上十日以下拘留。

【案例】 如何区分违反危险物质管理的行为与非法制造、买卖、运输、储存危险物质罪的界限？

案例简介：2015年4月，赞皇县公安局在办理冯某等人生产、销售不符合安全标准的食品一案时，依法对被告人王某某的住处进行搜查，当场查获用于捕杀狗的白色药丸508粒、麻醉针200个、白色粉状物4.02千克以及用于制造白色药丸、麻醉针的作案工具。经石家庄市公安局物证鉴定所检验，在白色药丸中检出氰离子成分。经赞皇县公安局称重，白色药丸中白色粉末平均每粒重量为0.714克。经调查，被告人王某某将制造的白色药丸进行了销售。

河北省赞皇县人民法院经审理后认为,被告人王某某非法制造、买卖毒害性物质,危害公共安全,其行为已构成非法制造、买卖危险物质罪,依法应予惩罚,按照相关法律规定,判处被告人王某某有期徒刑四年零六个月。①

知识点:行为人要构成非法制造、买卖、运输、储存危险物质罪,所制造、买卖、运输和储存的危险物质要满足一定"量"的规定。

如果行为人具有下列情形之一的,就可能构成非法制造、买卖、运输、储存危险物质罪:(1)造成人员重伤或者死亡的;(2)造成直接经济损失十万元以上的;(3)非法制造、买卖、运输、储存毒鼠强、氟乙酰胺、氟乙酸钠、毒鼠硅、甘氟原粉、原液、制剂五十克以上,或者饵料二千克以上的;(4)造成急性中毒、放射性疾病或者造成传染病流行、暴发的;(5)造成严重环境污染的;(6)造成毒害性、放射性、传染病病原体等危险物质丢失、被盗、被抢或者被他人利用进

---

① 参见河北省赞皇县人民法院(2020)冀0129刑初96号刑事判决书。

行违法犯罪活动的；(7) 其他危害公共安全的情形。由此可见，在上述案例中，被告人王某某的行为因符合上述第三种的情形，所以被以非法制造、买卖、运输、储存危险物质罪定罪处罚。

9. 什么是危险物质？如何处罚危险物质被盗、被抢、丢失不报的行为？

危险物质，主要是指爆炸性、毒害性、放射性、腐蚀性物质或者传染病病原体等危险物质。鉴于危险物质的危险性，流入社会会引起恐慌或造成危害，相关法律、法规、规章对危险物质的管理均作了严格规定。

如果上述所列物质被盗、被抢或者丢失，未按规定报告的，按照《治安管理处罚法》第31条的规定，处五日以下拘留；故意隐瞒不报的，处五日以上十日以下拘留。

10. 什么是管制器具？如何处罚非法携带管制器具的行为？

"管制器具"又分为管制刀具和其他器具。管制刀具主要包括：匕首、三棱刀（包括机械加工用的三棱刮刀）、带有自锁装置的弹簧刀（跳刀），刀尖角度小于60度、刀身长度超过150毫米的各类单刃、双刃和多刃刀具，刀尖角度大于60度、刀身长度超过220毫米的各类单刃、双刃和多刃刀具，以及符合上述条件的陶瓷类刀具等；其他器具主要包括警棍、军用或警用匕首、刺刀、催泪器、电击器、防卫器、弩、弩箭、枪支、弹药、爆炸物等。

《治安管理处罚法》第32条规定，非法携带枪支、弹药或者弩、匕首等国家规定的管制器具的，处五日以下拘留，可以并处五百元以下罚款；情节较轻的，处警告或者二百元以下罚款。非法携带枪支、弹药或者弩、匕首等国家规定的管制器具进入公共场所或者公共交通工具的，处五日以上十日以下拘留，可以并处五百元以下罚款。

【案例】 如何区分非法携带管制器具的行为与非法携带枪支、弹药、管制刀具、危险物品危及公共安全罪的界限？

案例简介：2017年12月27日上午11点多，被告人唐某某骑摩托车至新化县加油站斜对面马路边，其摩托车上藏匿的鸟铳一支被正在巡逻的新化县公安局民警发现并当场查获，被告人唐某某携带的鸟铳及铁籽、黑硝各一小瓶,以及爆药13粒被民警依法扣押。经娄底市公安局物证鉴定所鉴定,被告人唐某某持有的鸟铳系以火药为动力,利用管状器具发射枪弹的枪支。同时,被告人唐某某没有持枪许可证。

湖南省新化县人民法院经审理后认为,被告人唐某某违反枪支管理规定,非法携带枪支、弹药进入公共场所,危及公共安全,情节严重,其行为已构成非法携带枪支、弹药危及公共安全罪,按照相关法律规定,判处被告人唐某某管制一年六个月。①

知识点:行为人要构成非法携带枪支、弹药、管制刀具、危险物品危及公共安全罪,除了满足"进入公共场所或者公共交通工具"这一条件外,还需满足其所携带的违禁物品达到"量"的规定。

如果行为人具备下列情形之一的,就可能构成非法携带枪支、弹药、管制刀具、危险物品危及公共安全罪:(1)携带枪支一支以上或者手榴弹、炸弹、地雷、手雷等具有杀伤性弹

---

① 参见湖南省新化县人民法院(2018)湘1322刑初309号刑事判决书。

药一枚以上的；（2）携带爆炸装置一套以上的；（3）携带炸药、发射药、黑火药五百克以上或者烟火药一千克以上、雷管二十枚以上或者导火索、导爆索二十米以上，或者虽未达到上述数量标准，但拒不交出的；（4）携带的弹药、爆炸物在公共场所或者公共交通工具上发生爆炸或者燃烧，尚未造成严重后果的；（5）携带管制刀具二十把以上，或者虽未达到上述数量标准，但拒不交出，或者用来进行违法活动尚未构成其他犯罪的；（6）携带的爆炸性、易燃性、放射性、毒害性、腐蚀性物品在公共场所或者公共交通工具上发生泄漏、遗洒，尚未造成严重后果的；（7）其他情节严重的情形。上述案例中，被告人唐某某就因符合上述第一种的情形，被以非法携带枪支、弹药、管制刀具、危险物品危及公共安全罪定罪处罚。

如果行为人非法携带枪支、弹药，但没有进入公共场所或者公共交通工具的，其不构成上述罪名，但行为满足下列条件之一的，其也可能构成非法持有、私藏枪支、弹药罪：（1）非法持有、私藏军用枪支一支以上的；（2）非法持有、私藏以火药为动力发射枪弹的非军用枪支一支以上，或者以压缩气体等为动力的其他非军用枪支二支以上的；（3）非法持有、私藏军用子弹二十发以上、气枪铅弹一千发以上或者其他非军用子弹二百发以上的；（4）非法持有、私藏手榴弹、炸弹、地雷、手雷等具有杀伤性弹药一枚以上的；（5）非法持有、私藏的弹药造成人员伤亡、财产损失的。其中，非法持有是指不符合配备、配置枪支、弹药条件的人员，擅自持有枪支、弹药的行为；私藏是指依法配备、配置枪支、弹药的人员，在配备、配置枪支、弹药的条件消除后，私自藏匿所配备、配置的枪支、弹药且拒不交出的行为。

11. 什么是公共设施？如何处罚盗窃、损毁公共设施的行为？

公共设施，是指为国民经济运行、产业发展、居民生活提供交通、通讯、能源、税务、教育、医疗等公共性服务设施。

《治安管理处罚法》第33条规定了三种盗窃、损毁公共设施的行为，具体包括：（1）盗窃、损毁油气管道设施、电力电信设施、广播电视设施、水利防汛工程设施或者水文监测、测量、气象测报、环境监测、地质监测、地震监测等公共设施的；（2）移动、损毁国家边境的界碑、界桩以及其他边境标志、边境设施或者领土、领海标志设施的;(3)非法进行影响国(边)界线走向的活动或者修建有碍国(边)境管理的设施的。行为人有上述行为之一的,处十日以上十五日以下拘留。

12. 什么是妨害航空器飞行安全的行为?如何处罚妨害航空器飞行安全的行为?

妨害航空器飞行安全的行为主要有两种:一是盗窃、损坏、擅自移动使用中的航空设施,或者强行进入航空器驾驶舱的;二是在使用中的航空器上使用可能影响导航系统正常功能的器具、工具,不听劝阻的。

根据《治安管理处罚法》第34条规定,行为人具有第一种行为的,处十日以上十五日以下拘留;行为人具有第二种行为的,处五日以下拘留或者五百元以下罚款。

13. 什么是妨害铁路运行安全的行为?如何处罚妨害铁路运行安全的行为?

《治安管理处罚法》第35条规定了四种妨害铁路运行安全

的行为，具体包括：（1）盗窃、损毁或者擅自移动铁路设施、设备、机车车辆配件或者安全标志的；（2）在铁路线路上放置障碍物，或者故意向列车投掷物品的；（3）在铁路线路、桥梁、涵洞处挖掘坑穴、采石取沙的；（4）在铁路线路上私设道口或者平交过道的。

行为人有妨害铁路运行安全行为的，处五日以上十日以下拘留，可以并处五百元以下罚款；情节较轻的，处五日以下拘留或者五百元以下罚款。

14. 什么是妨害列车行车安全的行为？如何处罚妨害列车行车安全的行为？

妨害列车行车安全的行为，是指擅自进入铁路防护网或者火车来临时在铁路线路上行走坐卧、抢越铁路，影响行车安全的行为。

根据《治安管理处罚法》第36条规定，行为人具有妨害列车行车安全行为的，处警告或者二百元以下罚款。

15. 什么是妨害公共道路安全的行为？如何处罚妨害公共道路安全的行为？

《治安管理处罚法》第37条规定了三种妨害公共道路安全的行为，具体包括：（1）未经批准，安装、使用电网的，或者安装、使用电网不符合安全规定的；（2）在车辆、行人通行的地方施工，对沟井坎穴不设覆盖物、防围和警示标志的，或者故意损毁、移动覆盖物、防围和警示标志的；（3）盗窃、损毁路面井盖、照明等公共设施的。

行为人有妨害公共道路安全行为的，处五日以下拘留或者五百元以下罚款；情节严重的，处五日以上十日以下拘留，可以并处五百元以下罚款。

16. 如何处罚违反规定举办大型活动的行为？

《治安管理处罚法》第38条规定，举办文化、体育等大型群众性活动，违反有关规定，有发生安全事故危险的，责令停止活动，立即疏散；对组织者处五日以上十日以下拘留，并处二百元以上五百元以下罚款；情节较轻的，处五日以下拘留或者五百元以下罚款。

《治安管理处罚法》第38条中的"有关规定",是指大型群众性活动的批准、审查、治安保卫、法律责任等事项的法律、行政法规、部门规章及有关人民政府发布的决定、命令等。"有发生安全事故危险"是一种现实可能性,不需要实际发生,主要由公安机关依据相关的证据来推定,如消防设施不符合法律规定,有安全隐患,就可以推定"有发生安全事故的危险"。

17. 大型群众性活动重大安全事故罪与违反规定举办大型活动的行为有什么区别?

大型群众性活动重大安全事故罪,是指举办大型群众性活动,违反安全管理规定,从而发生重大伤亡事故或者造成其他严重后果的行为。如果没有发生重大伤亡事故或者造成其他严重后果的,而是有发生安全事故危险的,就不构成大型群众性活动重大安全事故罪,而可能构成行政违法。如果出现下列结果之一的,就可能构成大型群众性活动重大安全事故罪:(1)造成死亡一人以上,或者重伤三人以上的;(2)造成直接经济损失五十万元以上的；（3）其他造成严重后果的情形。

18. 什么是公共场所？如何处罚违反公共场所安全规定的行为？

公共场所是指供社会公众活动的场所，一般包括以下七类：（1）宾馆、饭馆、旅店、招待所、车马店、咖啡馆、酒吧、茶座；（2）公共浴室、理发店、美容店；（3）影剧院、录像厅（室）、游艺厅（室）、舞厅、音乐厅；（4）体育场（馆）、游泳场（馆）、公园；（5）展览馆、博物馆、美术馆、图书馆；（6）商场（店）、书店；（7）候诊室、候车（机、船）室、公共交通工具。

《治安管理处罚法》第39条规定，旅馆、饭店、影剧院、娱乐场、运动场、展览馆或者其他供社会公众活动的场所的经营管理人员，违反安全规定，致使该场所有发生安全事故危险，经公安机关责令改正，拒不改正的，处五日以下拘留。

19. 什么是恐怖表演、强迫劳动和非法限制他人人身自由、非法侵入他人住宅或者非法搜查他人身体的行为？对上述行为如何处罚？

恐怖表演，是指营造凶杀、暴力等恐怖气氛的表演节目，或者对人的身体进行残酷折磨，以营造残忍气氛的表演项目。强迫劳动，是指使用暴力、威胁或者其他手段，且违背他人主观意志，迫使他人进行劳动的行为。非法限制他人人身自由，是指违反法律规定，利用各种方法、手段限制他人人身自由的行为，如限制他人在一定区域内活动、居住等。非法侵入他人住宅，是指未经住宅主人同意，非法强行闯入他人住宅，或者无正当理由进入他人住宅，拒不退出等行为。非法搜查他人身体的行为，是指未经法律授权或者违反法定程序搜查他人身体的行为，如为了寻找失物或者查看物品而强行搜查他人身体。

根据《治安管理处罚法》第40条规定，行为人有恐怖表演、强迫劳动和非法限制他人人身自由、非法侵入他人住宅或者非法搜查他人身体行为的，处十日以上十五日以下拘留，并处五百元以上一千元以下罚款；情节较轻的，处五日以上十日以下拘留，并处二百元以上五百元以下罚款。

【案例】 如何区分强迫劳动行为与强迫劳动罪的界限？

案例简介：2019年11月19日23时许，被告人张某某伙同宋某（另案处理），为了强迫陈某（2005年2月14日出生）为其劳动，在本市大榆树镇韩家店二组陈某的家中以暴力手段将陈某殴打。案发后，被告人张某某被抓获归案，在民事方面双方达成和解。

吉林省公主岭市人民法院经审理后认为，被告人张某某以暴力等方法，强迫他人劳动，其行为已构成强迫劳动罪，按照相关法律规定，依法判处被告人张某某有期徒刑一年，并处罚金人民币2000元。①

知识点：行为人要构成强迫劳动罪，其行为须满足"情节恶劣"。

强迫劳动罪，是指以暴力、威胁或者限制人身自由的方法强迫他人劳动的行为。实务中，一般认为行为人的强迫劳动行为具有下列情形之一的，就构成强迫劳动罪：（1）强迫他人劳动，造成人员伤亡或者患职业病的；（2）采用殴打、胁迫、

---

① 参见吉林省公主岭市人民法院（2020）吉0381刑初266号刑事判决书。

扣发工资、扣留身份证件等手段限制人身自由,强迫他人劳动的;(3)强迫妇女从事井下劳动、国家规定的第四级体力劳动强度的劳动或者其他禁忌从事的劳动,或者强迫处于经期、孕期和哺乳期妇女从事国家规定的第三级体力劳动强度以上的劳动或者其他禁忌从事的劳动的;(4)强迫已满十六周岁未满十八周岁的未成年人从事国家规定的第四级体力劳动强度的劳动,或者从事高空、井下劳动,或者在爆炸性、易燃性、放射性、毒害性等危险环境下从事劳动的;(5)其他情节严重的情形。上述案例中,被告人张某某因满足上述第二种的情形,就被以强迫劳动罪定罪处罚。可见,与违反《治安管理处罚法》所规定的强迫劳动行为相比较,强迫劳动罪在行为情节上更为恶劣。

20. 侵犯人身权利的行为有哪些?如何处罚侵犯人身权利的行为?

生命健康权、人身自由权、人格尊严权等人身权利的保护状况,是衡量一个国家人权保护水平的最重要的标尺之一。《治安管理处罚法》第42条规定了六种侵犯人身权利的行为,具体包括：（1）写恐吓信或者以其他方法威胁他人人身安全的；（2）公然侮辱他人或者捏造事实诽谤他人的；（3）捏造事实诬告陷害他人，企图使他人受到刑事追究或者受到治安管理处罚的；（4）对证人及其近亲属进行威胁、侮辱、殴打或者打击报复的；（5）多次发送淫秽、侮辱、恐吓或者其他信息，干扰他人正常生活的；（6）偷窥、偷拍、窃听、散布他人隐私的。

行为人有上述侵犯人身权利行为的，处五日以下拘留或者五百元以下罚款；情节较重的，处五日以上十日以下拘留，可以并处五百元以下罚款。

【案例】 公共场所安装监控不构成《治安管理处罚法》规定的侵犯他人隐私行为

案例简介：2014年6月13日，上海同瑞房地产开发有限公司因自身发展需要，在蒋家塘地区设置4个监控摄像头。居民蒋某某认为，同瑞公司在其家周围设置4个监控摄像头，其中两个对着自己房屋前门和后门区域，一个对着前门通道，侵犯其与家人隐私。2014年8月11日，蒋某某到梅陇派出所报案，称同瑞公司在其家周围设置4个监控摄像头，并专门对准其家中，侵犯其与家人隐私。梅陇派出所收到材料后将该案作为治安案件予以受案并进行了调查，调查后认为同瑞公司安置摄像头的行为并不构成《治安管理处罚法》所规定的侵犯隐私的违法行为，故依据《公安机关办理行政案件程序规定》第259条第1款规定，作出本案讼争终止调查决定。蒋某某不服上述决定，遂向法院提起行政诉讼。

法院经审理后认为，原告因认为同瑞公司在其家周围安置摄像头侵犯其与家人的合法权益，而向被告方提出查处申请。被告收到申请后对申请材料进行了审查，以原告控告同瑞公司涉嫌侵犯隐私予以受案登记，经询问同瑞公司及其委托的安装公司相关人员后，查明了摄像头安置目的、安装时间，并现场查看了原告所指控的摄像头安置位置、朝向、拍摄区域等情况，确认同瑞公司在原告家周围安置摄像头的行为并不构成上述法律所规定的侵犯隐私治安管理违法行为，故认定原告举报事项没有违法事实，依据《公安机关办理行政案件程序规定》第259条第1款之规定，作出终止调查决定，并无不当。因治安管理违法行为有明确构成要件，故原告认为只要同瑞公司安置的摄像头对准其房屋前、后门区域，即已侵犯原告及家人的合法权益，被告应予处理的观点,缺乏法律依据,依法不能成立。①

知识点:安装摄像头,能够起到防范安全风险、保护人身财产安全的正向作用。但同时也存在侵犯自然人隐私权和个人信息的风险,一旦涉及侵权,行为人需要承担相应的法律责任。虽然本案中的同瑞公司在公共场所安装区域不构成《治安管理处罚法》所规定的侵犯他人隐私的行为,没有受到行政处罚,但这并不意味着公众可以在公共区域随意安装摄像头。我国《民法典》规定了居民的生活安宁权,如果居民的生活安宁权受到侵犯,可以通过民事诉讼的方式要求对方拆除摄像头。现实生活中就有许多在家门口安装摄像头,但对他人生活造成一定影响而被法院责令拆除的案例。

21. 如何处罚殴打或者故意伤害他人身体的行为?

生命健康权是公民最基本的权利,国家采取多种措施保障公民的生命健康权,依法及时、严厉地惩治侵犯公民生命健康

---

① 参见上海市闵行区人民法院(2014)闵行初字第106号行政判决书。

权的行为。

根据《治安管理处罚法》第43条规定，殴打他人的，或者故意伤害他人身体的，处五日以上十日以下拘留，并处二百元以上五百元以下罚款；情节较轻的，处五日以下拘留或者五百元以下罚款。如果行为具有三种情形，即结伙殴打、伤害他人的，殴打、伤害残疾人、孕妇、不满十四周岁的人或者六十周岁以上的人的，多次殴打、伤害他人或者一次殴打、伤害多人的，行为人将被处十日以上十五日以下拘留，并处五百元以上一千元以下罚款。

【案例】"结伙殴打"认定的条件

案例简介：2014年10月25日10时30分许，陈某某至祁连山路2233弄向杨某的父亲杨某某讨要工程款。在遭到杨某某拒绝后，陈某某声称要坐其汽车随其外出。杨某某作势冲撞意图吓走陈某某未果后停车，陈某某爬上了汽车引擎盖。杨某某用手拉陈某某并击打其面部一下，陈某某坚持不肯下来，杨某用力将陈某某从车上拉下，并对陈某某的头部、颈部等处用拳头进行殴打后上车，陈某某躺倒在汽车前方地面上继续阻挡车辆前行。杨某随后下车并用脚踢陈某某身体。陈某某于当日

10时58分拨打110电话报警。祁连派出所民警依法将杨某及其父亲杨某某传唤至派出所接受询问,经调查后对杨某处以罚款500元的行政处罚。陈某某认为对方结伙殴打自己,公安机关对杨某的行政处罚畸轻,经复议后向法院提起行政诉讼。

法院经审理后认为,结伙殴打常表现为纠集多人对他人进行殴打,本案中,杨某与其父亲杨某某主观上事先并无殴打陈某某的主观故意,事中也无殴打陈某某的意思联络,客观上也不存在纠集过程,二人的行为并无明显的协作性及连续性,故杨某及杨某某的行为不属于《治安管理处罚法》第43条第2款第1项规定的结伙殴打他人情形。[1]

知识点:"结伙殴打"需要满足以下条件:一是行为人需两人或两人以上;二是行为存在一定的协作性;三是行为人在主观上存在殴打他人的意思联络。

22. 故意伤害他人与故意伤害罪的区别是什么?

故意伤害罪,是指故意非法损害他人身体健康的行为。从

---

[1] 参见上海市宝山区人民法院(2015)宝行初字第110号行政判决书。

损害结果上看，故意伤害他人一般是指造成被害人轻微伤或者没有造成伤害；故意伤害罪是指造成被害人轻伤以上后果，如轻伤害、重伤害、伤害致死。实务中，一般根据人体损伤鉴定结果来认定轻微伤和轻伤。例如，以被害人颈部伤为例，如果颈部创口或者瘢痕长度 1.0 cm 以上、颈部擦伤面积 4.0 cm² 以上、颈部挫伤面积 2.0 cm² 以上和颈部划伤长度 5.0 cm 以上时，行为人就可能造成轻微伤后果；如果颈前部单个创口或者瘢痕长度 5.0 cm 以上，多个创口或者瘢痕长度累计 8.0 cm 以上、颈前部瘢痕，单块面积 4.0 cm² 以上，或者两块以上面积累计 6.0 cm² 以上、甲状腺挫裂伤、咽喉软骨骨折、喉或者气管损伤、舌骨骨折时，行为人就可能造成轻伤后果。当然，上述标准仅供参照，具体须以公安机关出具的鉴定报告予以认定。

23. 什么是猥亵行为？如何处罚猥亵他人和在公共场所裸露身体的行为？

猥亵行为，是指行为人以满足性欲或寻求刺激为目的，违背他人意志，对他人进行搂抱、抠摸、亲吻、舌舔、吸吮、手淫等有伤风化、尚不够刑事处罚的淫秽行为。猥亵的对象既包括女性，也包括男性。

对于猥亵行为，根据《治安管理处罚法》第44条规定，处五日以上十日以下拘留。如果行为人猥亵智力残疾人、精神病人、不满十四周岁的人或者有其他严重情节的，处十日以上十五日以下拘留。

需要说明的是，如果行为人在公共场所故意裸露身体，情节恶劣的，处五日以上十日以下拘留。"裸露身体"主要指赤裸下身或者暴露隐私部位，或者女性赤裸上身等情形。

【案例】 如何认定猥亵行为与侮辱行为的界限？

案例简介：2023年6月7日4时至7时期间，谈某在镇江市润州区某电竞馆大包厢内上网，为满足个人淫欲，采用当众手淫的方式对对座女子进行猥亵，后被公安机关查获。谈某的行为已构成猥亵他人。以上事实有谈某的陈述和申辩、被侵害人陈述、证人证言、视听资料等证据证实。

处理结果：镇江市公安局润州分局根据《治安管理处罚法》第44条之规定，给予谈某行政拘留八日的处罚。[1]

---

[1] 参见镇江市公安局润州分局润公（宝）行罚决字〔2023〕415号行政处罚决定书。

知识点：如何认定行为人实施的是猥亵行为，还是侮辱行为？

猥亵行为与侮辱行为在行为方式上有相似之处，二者的区别主要表现为：第一，行为人的目的不同。侮辱行为的目的在于贬低他人人格和名誉；而猥亵的目的是寻求刺激或者满足自己的性欲。第二，行为人实施侮辱行为时，被侵害人无须在场；而行为人实施猥亵行为时，被侵害人必须在现场（这种"现场"也包括即时的网络视频等形式，俗称"隔空猥亵"），否则不能构成猥亵行为。

24. 什么是虐待家庭成员、遗弃被扶养人的行为？对上述行为如何处罚？

虐待家庭成员，是指经常打骂、冻饿、禁闭、强迫过度劳动、有病不治等方式，摧残折磨家庭成员。这里的"家庭成员"通常是指配偶、父母、子女、兄弟姐妹、祖父母、外祖父母、孙子女、外孙子女。遗弃被扶养人，是指对于年老、年幼、患病或者其他没有独立生活能力的人，负有抚养义务而拒绝扶养的行为。

根据《治安管理处罚法》第45条规定，行为人有虐待家庭成员、遗弃被扶养人行为的，处五日以下拘留或者警告。值得注意的是，对虐待家庭成员行为的处罚要以被虐待人提出处理要求为前提。

25. 虐待家庭成员与父母管教子女不当的界限是什么？

虐待家庭成员是经常性地对家庭成员进行肉体或精神上的折磨，而日常生活中父母为管教子女而采取打骂等方式，不能作为虐待行为进行处罚。因为这种情况下，父母主观上多是出于望子成龙、望女成凤的好意，不具有折磨、伤害子女的主观故意。

26. 什么是强迫交易行为？如何处罚强迫交易的行为？

强迫交易行为，是指行为人强买强卖商品，强迫他人提供服务或者强迫他人接受服务的行为。强迫交易行为违背了自愿、平等、公平、诚实信用的民事活动基本原则，侵犯了经营者或者消费者的合法权益，扰乱了正常的市场交易秩序，具有严重的社会危害性。

《治安管理处罚法》第46条规定，行为人有强迫交易行为的，处五日以上十日以下拘留，并处二百元以上五百元以下罚款；情节较轻的，处五日以下拘留或者五百元以下罚款。

【案例】 如何区分强迫交易行为与强迫交易罪的界限？

案例简介：2017年2月13日，被告人周某伙同汨罗市汨罗镇黄家坪村村民到湖南某工程建设有限公司汨罗某互补发电项目部（以下简称"光伏发电项目部"）的工地阻工，要求工地挖机、铲车必须由本地人来喊，光伏发电项目部被迫答应，当日因阻工造成该项目部支付铲车司机违约金2000多元。2017年2月至5月，被告人周某用阻工的手段或者以阻工相威胁，强行要求项目部接受其安排的挖机、铲车在工地施工，并按每小时20元至40元向挖机、铲车司机抽取管理费。被告人周某还以阻工相威胁，以12000元的价格承揽了光伏发电项目部的水泵房和蓄水池基础土方开挖业务。被告人周某累计从光伏发电项目部领取挖机、铲车工时费以及水泵房、蓄水池基础土方开挖工程款37383元，从中获利7000余元。

湖南省汨罗市人民法院经审理后认为，被告人周某以威胁手段强迫他人接受服务，情节严重，其行为已构成强迫交易罪，依据相关法律规定，判处周某有期徒刑七个月，并处罚金人民币五千元。①

知识点：行为人构成强迫交易罪，须具备"情节严重"情节。

强迫交易罪，是指以暴力、威胁手段强迫他人交易，或者强迫他人参与或者退出投标、拍卖、特定的经营活动，情节严重的行为。实践中，如果行为人具有强迫交易行为，同时具备以下情节之一的，就可能构成强迫交易罪：（1）造成被害人轻微伤的；（2）造成直接经济损失2000元以上的；（3）强迫交易3次以上或者强迫3人以上交易的；（4）强迫交易数额1万元以上，或者违法所得数额2000元以上的；（5）强迫他人购买伪劣商品数额5000元以上，或者违法所得数额1000元以上的；（6）其他情节严重的情形等。上述案例中，被告人周某具有上述第四种的情形，被以强迫交易罪定罪处罚。可见，

---

① 参见湖南省汨罗市人民法院（2017）湘0681刑初235号刑事判决书。

《治安管理处罚法》所规定的强迫交易行为和强迫交易罪二者区别的关键在于行为情节的不同。

27. 什么是煽动民族仇恨、民族歧视的行为？对上述行为如何处罚？

煽动民族仇恨、民族歧视的行为，是指行为人以激起民族之间仇恨、歧视为目的，公然以语言、文字等方式诱惑、鼓动群众对其他民族进行排斥、限制、敌对或者仇视的行为。侮辱、歧视民族行为一般是指对民族在生产、工作、居住、饮食、婚姻、节庆、礼仪等物质生活和精神生活领域的喜好和禁忌进行丑化、蔑视、贬低人格和损害名誉等行为。

《治安管理处罚法》第47条规定，行为人具有煽动民族仇恨、民族歧视，或者在出版物、计算机信息网络中刊载民族歧视、侮辱内容的行为，处十日以上十五日以下拘留，可以并处一千元以下罚款。其中，出版物主要包括报纸、期刊、图书、音像制品和电子出版物等；计算机信息网络主要包括局域网和互联网。

28. 什么是侵犯他人通讯自由的行为？如何处罚侵犯通信自由的行为？

侵犯他人通讯自由的行为，是指冒领、隐匿、毁弃、私自开拆或者非法检查他人邮件的行为。

《治安管理处罚法》第48条规定，行为人有侵犯他人通讯自由行为的，处五日以下拘留或者五百元以下罚款。

29. 如何处罚盗窃、诈骗、哄抢、抢夺、敲诈勒索、损毁公私财物的行为？

公私财物均受法律保护，任何人不能因一己私利实施损害公众及他人权益的行为，否则将会受到处罚。

《治安管理处罚法》第49条规定，行为人有盗窃、诈骗、哄抢、抢夺、敲诈勒索、损毁公私财物行为的，处五日以上十日以下拘留，可以并处五百元以下罚款；情节较重的，处十日以上十五日以下拘留，可以并处一千元以下罚款。

30. 拒不执行紧急状态决定、命令和阻碍执行公务的行为有哪些？对上述行为如何处罚？

《治安管理处罚法》第50条规定了四种拒不执行紧急状态决定、命令和阻碍执行公务的行为，具体包括：（1）拒不执行人民政府在紧急状态情况下依法发布的决定、命令的；（2）阻碍国家机关工作人员依法执行职务的；（3）阻碍执行紧急任务的消防车、救护车、工程抢险车、警车等车辆通行的；（4）强行冲闯公安机关设置的警戒带、警戒区的。

行为人有上述拒不执行紧急状态决定、命令和阻碍执行公务行为的，处警告或者二百元以下罚款；情节严重的，处五日以上十日以下拘留，可以并处五百元以下罚款。需要指出的是，阻碍人民警察依法执行职务的，从重处罚。

31. 什么是冒充国家工作人员身份的行为？如何处罚招摇撞骗的行为？

冒充国家工作人员身份的行为主要表现为两种情形：一种是行为人不具有国家工作人员身份，但以国家工作人员的名义对外开展活动，如无业游民甲冒充国家税务人员，对外开展活动；另一种是行为人本身是国家工作人员，但其冒充其他国家工作人员的身份或者职位对外开展活动，如政府办事处工作人员乙冒充公安局民警，对外开展活动。

《治安管理处罚法》第51条规定，冒充国家机关工作人员或者以其他虚假身份招摇撞骗的，处五日以上十日以下拘留，可以并处五百元以下罚款；情节较轻的，处五日以下拘留或者五百元以下罚款。"其他虚假身份"是指行为人冒充除国家工作人员身份以外的其他身份，如文盲丙虚构文凭，以某高校博士身份与他人恋爱，意图骗取钱财的行为。需要指出的是，冒充军警人员招摇撞骗的，从重处罚。

32. 伪造、变造、买卖公文、证件和票据的行为有哪些？对上述行为如何处罚？

根据《治安管理处罚法》第52条规定，伪造、变造、买卖公文、证件和票据的行为主要包括：（1）伪造、变造或者买卖国家机关、人民团体、企业、事业单位或者其他组织的公文、证件、证明文件、印章的；（2）买卖或者使用伪造、变造的国家机关、人民团体、企业、事业单位或者其他组织的公文、证件、证明文件的;(3)伪造、变造、倒卖车票、船票、航空客票、文艺演出票、体育比赛入场券或者其他有价票证、凭证的;(4)伪造、变造船舶户牌,买卖或者使用伪造、变造的船舶户牌,或者涂改船舶发动机号码的。

行为人有上述伪造、变造、买卖公文、证件和票据行为的,处十日以上十五日以下拘留,可以并处一千元以下罚款;情节较轻的,处五日以上十日以下拘留,可以并处五百元以下罚款。

33. 违法设立社会团体的行为有哪些?如何处罚违法设立社会团体的行为?公安机关在处理非法社团问题上如何与民政部门分工?

根据《治安管理处罚法》第54条规定,违法设立社会团体的行为主要包括三种情形:(1)违反国家规定,未经注册登记,以社会团体名义进行活动,被取缔后,仍进行活动的;(2)被依法撤销登记的社会团体,仍以社会团体名义进行活动的;(3)未经许可,擅自经营按照国家规定需要由公安机关许可的行业的。

根据我国《社会团体登记管理条例》第2条规定,社会团体是指中国公民自愿组成,为实现会员共同意愿,按照其章程开展活动的非营利性社会组织。同时,该条例第6条第1款规定,国务院民政部门和县级以上地方各级人民政府民政部门是本级人民政府的社会团体登记管理机关。根据《社会团体登记管理条例》,民政部门负责社会团体的成立登记、变更注销、监督管理以及给予相应的处罚,如撤销登记、警告、责令改正、限期停止活动、取缔、没收非法财产等。构成犯罪的,依法追究刑事责任;尚不构成犯罪的,依法给予治安管理处罚。

行为人有违法设立社会团体行为的,处十日以上十五日以下拘留,并处五百元以上一千元以下罚款;情节较轻的,处五日以下拘留或者五百元以下罚款。需要指出的是,取得公安机关许可的经营者,违反国家有关管理规定,情节严重的,公安机关可以吊销许可证。

民政部门的职责是负责取缔非法社团,公安机关的职责是依照《治安管理处罚法》第54条的规定进行处罚。违反国家规定,未经注册登记,以社会团体名义进行活动,被民政部门取缔后,仍进行活动的,由公安机关依照《治安管理处罚法》

的规定予以处罚。

34. 非法集会、游行和示威的行为有哪些？如何处罚煽动、策划非法集会、游行和示威的行为？

非法集会、游行和示威，是指未依照法律规定申请或者申请未获许可，或者未按照主管机关许可的时间、地点、路线而进行的扰乱社会秩序的集会、游行、示威活动。具体而言，非法集会、游行和示威的行为主要包括：一是未依照本法规定申请或者申请未获许可的；二是未按照主管机关许可的目的、方式、标语、口号、起止时间、地点、路线进行的；三是在进行中出现危害公共安全或者严重破坏社会秩序情况的。

根据《治安管理处罚法》第 55 条规定，行为人有煽动、策划非法集会、游行、示威，不听劝阻行为的，处十日以上十五日以下拘留。

【案例】 曹某某煽动、策划非法集会、游行、示威行政处罚案

案例简介：2018 年 4 月 11 日 11 时许，因原国营海安棉纺

厂工人工龄等问题,曹某某在名为"棉纺厂集资工+买户口人员"的微信群内发布"请全体人员到县政府东大门集中"的内容,召集群内人员到海安县政府南广场东侧入口集中,后群内人员陆续到达县政府南广场东侧入口处,聚集人数达数百人,前后时间长达3小时,造成广场东侧进出车辆无法正常通行,经公安民警与政府工作人员劝阻仍不离开,仍堵塞路口。当日20时许,曹某某到公安机关投案。在调查过程中,曹某某承认了自己的违法行为。

处理结果:海安县公安局根据《治安管理处罚法》第55条等规定,对曹某某行政拘留五日。①

知识点:行为人构成煽动、策划非法集会、游行、示威的行为需要具备哪些条件?

行为人构成煽动、策划非法集会、游行、示威的行为需要具备三个条件:一是行为人实施了煽动、策划非法集会、游行、示威的活动;二是该集会、游行、示威的活动是非法的,即违反了《宪法》《集会游行示威法》等法律的规定;三是行

---

① 参见海安县公安局海公(城)行罚决字〔2018〕491号行政处罚决定书。

为人"不听劝阻",即公安机关对行为人的煽动或者策划行为提出批评、警告或者要求解散的命令后,行为人不听劝阻,仍继续实施违法行为。

35. 旅馆业工作人员应当履行哪些义务？如何处罚旅馆业工作人员违反规定的行为？

根据《治安管理处罚法》以及《旅馆业治安管理办法》相关规定,旅馆业工作人员接待旅客住宿必须登记。登记时,应当查验旅客的身份证件,按规定的项目如实登记。接待境外旅客住宿,还应当在24小时内向当地公安机关报送住宿登记表。明知旅客将易燃、易爆、剧毒、腐蚀性和放射性等危险物品带入旅馆的,旅馆业工作人员应予以制止。

根据《治安管理处罚法》第56条规定,旅馆业的工作人员对住宿的旅客不按规定登记姓名、身份证件种类和号码的,或者明知住宿的旅客将危险物质带入旅馆,不予制止的,处二百元以上五百元以下罚款。旅馆业的工作人员明知住宿的旅客是犯罪嫌疑人员或者被公安机关通缉的人员,不向公安机关报告的,处二百元以上五百元以下罚款;情节严重的,处五日以下拘留，可以并处五百元以下罚款。

【案例】 旅馆业的工作人员不按规定履行义务被行政处罚

案例简介：2010年10月，某中学一名初一女生被三、四个未成年的男同学持刀要挟，带到某小旅馆开房，欲实施轮奸。看到这几个身着中学生校服的学生开房，旅馆工作人员既不要求他们出示身份证件，也没有多问两句，就收钱安排房间。片刻后，旅馆老板想起那名女孩神色慌张，遂立即报警，闻讯赶来的民警发现几名男生正在房间里欲对该女生施暴，立即制止。民警在对这些学生依法处理之后，依据《治安管理处罚法》第56条第1款规定，对该旅店老板处以200元罚款。

知识点：本案中，旅店的工作人员明显可以看出旅客为未成年人而不查验证件即给予办理入住手续，差一点造成无法挽回的后果。虽然旅店老板在其后报警未造成损害，但仍然要对其不按规定进行登记的行为进行处罚。

36. 房屋出租人需要承担什么义务？如何处罚违法出租房屋的行为？

根据《租赁房屋治安管理规定》，房屋出租人承担以下义务：一是不准将房屋出租给无合法有效证件的承租人；二是必须准确登记承租人身份证的号码和种类；三是明知承租人是利用出租房屋进行犯罪活动的，必须向公安机关报告。

根据《治安管理处罚法》第 57 条规定，违法出租房屋的行为主要包括两种情形：一是房屋出租人将房屋出租给无身份证件的人居住的，或者不按规定登记承租人姓名、身份证件种类和号码的；二是房屋出租人明知承租人利用出租房屋进行犯罪活动，不向公安机关报告的。如果行为人具有第一种违法行为，处二百元以上五百元以下罚款。如果行为人具有第二种违法行为，处二百元以上五百元以下罚款；情节严重的，处五日以下拘留，可以并处五百元以下罚款。

37. 如何处罚制造噪声干扰他人生活的行为？

《治安管理处罚法》第 58 条规定，违反关于社会生活噪声污染防治的法律规定，制造噪声干扰他人正常生活的，处警告；警告后不改正的，处二百元以上五百元以下罚款。

【案例】 赵某制造噪音干扰他人正常生活案

案例简介：李某与赵某为楼上楼下的邻居。住在二楼的赵某在家中煤气快烧完时，经常摇晃煤气罐，煤气罐与地面摩擦，发出很大的噪音，吵的李某家的老太太心神不宁、无法睡觉。老太太几次到社区反映都得不到解决，赵某仍然天天摇晃煤气罐。老太太忍无可忍，向派出所反映要求处理赵某。派出所经过多次调解无效后，对赵某作出处罚。

知识点：日常生活中会有很多制造噪声干扰他人生活的情形，上述案件中李某的行为侵犯了他人的正常生活秩序。行为人主观上无论是故意还是过失，只要干扰了他人的正常生活，就构成了制造噪声干扰他人生活的行为。制造噪声干扰他人生活的行为，一般是邻里纠纷等较小的争议，应当本着教育疏导的原则解决，如果警告可以制止噪声不再干扰他人正常生活，就已经达到了目的，不必再处以其他处罚。只有警告后仍不改正的情况下，才可以处以罚款。本案中，派出所先行调解，调解不成时才进行处罚是符合法律规定的。

38. 违法典当、收购行为有哪些？如何处罚违法典当、收购的行为？

根据《治安管理处罚法》第 59 条规定，违法典当、收购的行为主要包括：（1）典当业工作人员承接典当的物品，不查验有关证明、不履行登记手续，或者明知是违法犯罪嫌疑人、赃物，不向公安机关报告的；（2）违反国家规定，收购铁路、油田、供电、电信、矿山、水利、测量和城市公用设施等废旧专用器材的；（3）收购公安机关通报寻查的赃物或者有赃物嫌疑的物品的；（4）收购国家禁止收购的其他物品的。

行为人有上述违法典当、收购行为的，处五百元以上一千元以下罚款；情节严重的，处五日以上十日以下拘留，并处五百元以上一千元以下罚款。

39. 什么是妨害执法秩序的行为？如何处罚妨害执法秩序的行为？窝藏、转移或者代为销售赃物的违反治安管理行为与窝藏、转移、收购、销售赃物罪的区别是什么？

根据《治安管理处罚法》第 60 条规定，妨害执法秩序的行为主要包括四种情形：一是隐藏、转移、变卖或者损毁行政执法机关依法扣押、查封、冻结的财物的行为；二是伪造、隐匿、毁灭证据或者提供虚假证言、谎报案情，影响行政执法机关依法办案的行为；三是明知是赃物而窝藏、转移或者代为销售的行为；四是被依法执行管制、剥夺政治权利或者在缓刑、暂予监外执行中的罪犯或者被依法采取刑事强制措施的人，有违反法律、行政法规或者国务院有关部门的监督管理规定的行为。行为人有上述妨害执法秩序行为的，处五日以上十日以下拘留，并处二百元以上五百元以下罚款。

窝藏、转移或者代为销售赃物的违反治安管理行为与窝藏、转移、收购、销售赃物罪区别关键在于行为情节和危害后果的不同。如果行为涉及的赃物数量较大，或者造成其他严重后果的，则应依法追究刑事责任，否则以违反治安管理行为论处。

40. 什么是偷越国（边）境的行为？如何处罚协助组织或者运送他人偷越国（边）境的行为？如何处罚偷越国边境的行为？

偷越国（边）境，主要是指行为人在边境口岸采取伪造、涂改、冒用出入境证件或者企图用蒙骗手段蒙混过关，偷越国境、边境，也可以是行为人在非边境口岸秘密出入国境、边境。偷越国（边）境行为的手段和方法多种多样，无论采取什么方法，只要实施了非法出入境行为的，都属于偷越国（边）境的行为。

根据《治安管理处罚法》第 61 条、第 62 条规定，协助组织或者运送他人偷越国（边）境的，处十日以上十五日以下拘留，并处一千元以上五千元以下罚款。为偷越国（边）境人员提供条件的，处五日以上十日以下拘留，并处五百元以上二千元以下罚款。偷越国（边）境的，处五日以下拘留或者五百元以下罚款。

【案例】 陈某运送他人偷越国（边）境行政处罚案

案例简介：司机陈某从事往来深港进行货运的工作，因赌博欠下赌债港币 5 万元无力偿还，其开始为张某干"私货"，由其驾车载运张某联系好的四名企图从香港偷越边境至深圳市的人员过境。2010 年 1 月 24 日，陈某驾驶一辆白色的粤港双牌牵引车来到香港上水路边，将企图偷渡的三女一男带上车，藏匿在驾驶室后座，随后驾车驶向皇岗口岸企图进入深圳。车辆一进入皇岗口岸就被执勤的皇岗边检站民警截获。经边检机关搜查，藏匿在车上的四名偷渡人员当场曝光，初步询问确认陈某非法载运的四名人员均未持有效出入境证件，确系企图偷渡入境。随后，陈某被公安机关处以10日治安拘留、罚款3000元的处罚。

知识点：本案中，陈某为了偿还债务，替他人运输企图偷越边境的人员，并未造成很严重的后果，尚未构成犯罪，依法应当根据《治安管理处罚法》相关规定给予行政处罚。

41. 什么是妨害文物管理的行为？如何处罚妨害文物管理的行为？

根据《治安管理处罚法》第63条规定，妨害文物管理的行为主要包括两类：一是刻划、涂污或者以其他方式故意损坏国家保护的文物、名胜古迹的；二是违反国家规定，在文物保护单位附近进行爆破、挖掘等活动，危及文物安全的。

行为人有上述妨害文物管理行为的，处警告或者二百元以下罚款；情节较重的，处五日以上十日以下拘留，并处二百元以上五百元以下罚款。

42. 偷开机动车与盗窃机动车有什么区别？什么是非法驾驶交通工具的行为？如何处罚非法驾驶交通工具的行为？

偷开机动车与盗窃机动车二者的区别主要在于：行为人对于机动车是否具有非法占有的目的并实施了相应的行为。如果行为人在实施该行为时，不以非法占有为目的，并且事后将偷开的机动车放在原处的，应当按照偷开机动车的违反治安管理行为处罚；如果行为人将机动车私自开走后予以改装、变卖或者遗弃的，则属于盗窃，可能构成盗窃罪。1997年《最高人民法院关于审理盗窃案件具体应用法律若干问题的解释》第12条第4项曾规定："为练习开车、游乐等目的，多次偷开机动车辆，并将机动车辆丢失的，以盗窃罪定罪处罚；在偷开机动车辆过程中发生交通肇事构成犯罪，又构成其他罪的，应当以交通肇事罪和其他罪实行数罪并罚；偷开机动车辆造成车辆损坏的，按照刑法第二百七十五条的规定定罪处罚；偶尔偷开机动车辆，情节轻微的，可以不认为是犯罪。"

根据《治安管理处罚法》第64条规定，非法驾驶交通工具的行为主要包括两类：一是偷开他人机动车的；二是未取得驾驶证驾驶或者偷开他人航空器、机动船舶的。行为人有上述行为之一的，处五百元以上一千元以下罚款；情节严重的，处十日以上十五日以下拘留，并处五百元以上一千元以下罚款。

43. 哪些行为属于妨害尸体管理行为？如何处罚妨害尸体管理的行为？

根据《治安管理处罚法》第65条规定，妨害尸体管理行为主要包括：故意破坏、污损他人坟墓或者毁坏、丢弃他人尸骨、骨灰的；在公共场所停放尸体或者因停放尸体影响他人正常生活、工作秩序，不听劝阻的。

行为人有上述行为的，处五日以上十日以下拘留；情节严重的，处十日以上十五日以下拘留，可以并处一千元以下罚款。

【案例】 李某某破坏、污损坟墓行政处罚案

案例简介：2020年12月22日（冬至日），李某某在未经潘某某同意的情况下，擅自叫来村里的八仙等人，将位于遂昌县新路湾镇大侯周村其家门口的一座坟墓破坏，并将坟墓内的物品移至大侯周村新的公墓内。2021年3月的一天，李某某又联系其老公的妹夫，让他用挖机将该坟墓的位置推平。以上事实有李某某的陈述和申辩、证人证言、现场照片等证据证实。浙江省遂昌县公安局北界派出所依法对李某某作出行政拘留三日的行政处罚决定。①

知识点：私挖他人坟墓之举不仅对后代人格利益造成伤害，也会破坏社会风俗习惯、社会公德。当事人不仅会承担行政责任，可能还需承担民事赔偿责任，《民法典》第1183条规定，因故意或者重大过失侵害自然人具有人身意义的特定物造成严重精神损害的，被侵权人有权请求精神损害赔偿。坟墓作为具有人身意义的特定物，遭受他人损害，对已逝者的亲属造成严重精神损害，应赔偿精神抚慰金。另外，当坟墓、墓碑等特定物被破坏、毁损时，死者的配偶、子女、父母均有权要求侵害人停止侵害、排除妨碍、消除危险、消除影响、恢复名誉、赔礼道歉、赔偿精神损失。

---

① 参见浙江省遂昌县公安局北界派出所遂公（北）行罚决字〔2021〕00692号行政处罚决定书。

44. 什么是卖淫、嫖娼的行为？如何处罚卖淫、嫖娼的行为？拉客招嫖行为与卖淫、嫖娼行为的区别是什么？

卖淫、嫖娼行为，是指不特定的异性之间或者同性之间以金钱、财物为媒介发生性关系的行为，包括手淫、口淫、鸡奸等行为。客观上，卖淫嫖娼的行为可以发生在异性之间，也可以发生在同性之间，发生性行为的方式也有多种。

《治安管理处罚法》第66条第1款规定，卖淫、嫖娼的，处十日以上十五日以下拘留，可以并处五千元以下罚款；情节较轻的，处五日以下拘留或者五百元以下罚款。

【案例】 李某某嫖娼行政处罚案

案例简介：2020年6月11日22时许，李某某在昆明市盘龙区内谈妥以299元的价格让胡某为其做按摩、洗澡、前列腺保养（手淫）服务。后李某某在裸露身体进行洗澡时，胡某使用双手为李某某擦洗身体并使用沐浴露涂洗其生殖器部位。在胡某还未对李某某使用手淫的方式发生性关系时，李某某于2020年6月11日22时许被公安机关在上述地点查获。以上事实有查获经过、本人及同案人的供述、申辩等证据证实。盘龙分局根据《治安管理处罚法》第 66 条第 1 款之规定,决定给予李某某行政拘留五日的行政处罚。①

知识点:本案中,李某某即是与不特定的异性之间,以金钱为媒介,发生性关系。在此类案件中,性关系的认定类型较为多样,诸如手淫、口淫、鸡奸等行为都属于发生性关系。

拉客招嫖行为,是指行为人在公共场所,如宾馆、饭店、娱乐场所、街道等区域,以语言挑逗或者肢体动作强拉硬拽等方式,意图使他人嫖娼的行为。构成该行为需要同时满足三个条件:一是公共场所;二是拉客;三是招嫖。根据《治安管理处罚法》第 66 条第 2 款规定,在公共场所拉客招嫖的,处五日以下拘留或者五百元以下罚款。

45. 什么是引诱、容留、介绍他人卖淫的行为?如何处罚引诱、容留、介绍他人卖淫的行为?

引诱他人卖淫,是指行为人为了达到某种目的,以金钱诱

---

① 参见昆明市公安局盘龙分局昆公盘(龙)行罚决字〔2020〕384号行政处罚决定书。

惑或者通过宣扬腐朽生活方式等手段，诱使没有卖淫习性的人从事卖淫活动的行为。容留他人卖淫，是指行为人出于故意，为卖淫嫖娼者的卖淫、嫖娼活动提供场所，使该活动得以进行的行为。容留他人卖淫的场所多种多样，如私人住宅、汽车、自己管理的饭店、宾馆等。容留他人卖淫的期限可以是长期的，如将房屋长期租给卖淫嫖娼者使用，也可以是短期的或者临时的。介绍他人卖淫，是指行为人为了获取非法利益，在卖淫者与嫖娼者之间牵线搭桥，使卖淫者与嫖客相识并进行卖淫嫖娼活动，俗称"拉皮条"。

《治安管理处罚法》第67条规定，引诱、容留、介绍他人卖淫的，处十日以上十五日以下拘留，可以并处五千元以下罚款；情节较轻的，处五日以下拘留或者五百元以下罚款。

46. 什么是淫秽物品？如何处罚传播淫秽信息的行为？

淫秽物品，是指具体描绘性行为，即较详尽具体地描写性行为的过程及其心理感受；具体描写通奸、强奸、乱伦、卖淫、淫乱的过程细节；描写少年儿童的性行为、同性恋的性行为或者其他变态行为，以及与性变态有关的暴力、虐待、侮辱行为和令普通人不能容忍的对性行为等的猥亵描写，或者露骨宣扬色情，即公然地、不加掩饰地宣扬色情淫荡形象；着力表现人体生殖器官；挑动人们的性欲；足以导致普通人腐化堕落的具有刺激、挑逗性的淫秽的书刊、图片、影片、音像制品等物品。但是，有关人体生理、医学知识的科学著作不是淫秽物品，包含色情内容的有艺术价值的文学、艺术作品也不视为淫秽物品。

《治安管理处罚法》第68条规定，制作、运输、复制、出售、出租淫秽的书刊、图片、影片、音像制品等淫秽物品或者利用计算机信息网络、电话以及其他通讯工具传播淫秽信息的，处十日以上十五日以下拘留，可以并处三千元以下罚款；情节较轻的，处五日以下拘留或者五百元以下罚款。

47. 组织、参与淫秽活动的行为有哪些？如何处罚组织、参与淫秽活动的行为？如何区分参与聚众淫乱活动行为与聚众淫乱罪？

根据《治安管理处罚法》第69条规定，组织、参与淫秽活动的行为主要包括三种：一是组织播放淫秽音像的；二是组织或者进行淫秽表演的；三是参与聚众淫乱活动的。

行为人有上述组织、参与淫秽活动行为的，处十日以上十五日以下拘留，并处五百元以上一千元以下罚款。

《刑法》第301条第1款规定，聚众进行淫乱活动的，对首要分子或者多次参加的，处五年以下有期徒刑、拘役或者管制。只有首要分子或者多次参加聚众淫乱活动的人才构成聚众淫乱罪。对聚众淫乱活动的首要分子必须追究其刑事责任。这里的首要分子是指在聚众淫乱活动中起到策划、组织、指挥、纠集作用的为首分子。对于参与聚众淫乱活动的人员，是追究其聚众淫乱罪还是对其进行治安管理处罚，视违法情节而定，违法情节主要是指参加聚众淫乱活动的次数，多次参加的，构成聚众淫乱罪，偶尔参加的，进行批评教育或者给予必要的治安管理处罚。2008年《最高人民检察院、公安部关于公安机关管辖的刑事案件立案追诉标准的规定（一）》第41条规定："组织、策划、指挥三人以上进行淫乱活动或者参加聚众淫乱活动三次以上的，应予立案追诉。"可见，参加聚众淫乱活动三次或者三次以上的，就可能构成聚众淫乱罪。

48. 什么是违反治安管理的赌博行为？如何处罚违反治安管理的赌博行为？如何区分赌博行为和赌博罪、开设赌场罪？

根据《治安管理处罚法》第70条规定，违反治安管理的赌博行为有两种：一是以营利为目的，为赌博提供条件的，如提供赌具、提供赌场、提供赌资，为赌博活动提供其他便利条件等。二是参与赌博赌资较大的行为，即行为人本人参与赌博，且赌资较大者。

行为人有上述赌博行为的，处五日以下拘留或者五百元以下罚款；情节严重的，处十日以上十五日以下拘留，并处五百元以上三千元以下罚款。

赌博罪，是指以营利为目的，聚众赌博或者以赌博为业的行为。《刑法》第303条第1款规定了赌博罪。2005年《最高人民法院、最高人民检察院关于办理赌博刑事案件具体应用法律若干问题的解释》第1条对"聚众赌博"行为进行了解释："以营利为目的，有下列情形之一的，属于刑法第三百零三条规定的'聚众赌博'：（一）组织3人以上赌博，抽头渔利数额累计达到5000元以上的；（二）组织3人以上赌博，赌资数额累计达到5万元以上的；（三）组织3人以上赌博，参赌人数累计达到20人以上的；（四）组织中华人民共和国公民10人以上赴境外赌博，从中收取回扣、介绍费的。"犯赌博罪处三年以下有期徒刑、拘役或者管制，并处罚金。

开设赌场，是指提供赌博的场所和用具，供他人在其中进行赌博，本人从中营利的行为。开设赌场有两种方式：一是开设赌场者不直接参加赌博，以收取场地、用具使用费或者抽头获利；二是开设赌场者直接参加赌博，如设置游戏机等赌博机器或者雇佣人员与顾客赌博。开设赌场包括提供赌博场所、设定赌博方式、提供赌具、筹码、资金等一整套赌博条件，具有固定性、组织严密性等特点。根据相关规定，以营利为目的，在计算机网络上建立赌博网站，或者为赌博网站担任代理，接受投注的，也视为开设赌场行为。《刑法》第303条第2款规定了开设赌场罪，犯开设赌场罪，处五年以下有期徒刑、拘役或者管制，并处罚金；情节严重的，处五年以上十年以下有期徒刑，并处罚金。

49. 什么是涉及毒品原植物行为？如何处罚涉及毒品原植物行为？

涉及毒品原植物行为，是指非法种植、买卖、携带、持有、存储、使用毒品原植物的行为。根据《治安管理处罚法》第71条规定，涉及毒品原植物行为主要包括三种情形：一是非法种植罂粟不满五百株或者其他少量毒品原植物的；二是非法买卖、运输、携带、持有少量未经灭活的罂粟等毒品原植物种子或者幼苗的；三是非法运输、买卖、储存、使用少量罂粟壳的。

行为人有上述行为的，处十日以上十五日以下拘留，可以并处三千元以下罚款；情节较轻的，处五日以下拘留或者五百元以下罚款。需要注意的是，行为人有上述第一种行为，在成熟前自行铲除的，不予处罚。

【案例】 刘某某非法种植毒品原植物案

案例简介：2021年11月，刘某某在外省务工时偶然得到罂粟种子，其得知罂粟果可以治疗拉肚子，为了治疗生病的家畜，将种子带回后种植在自家土地中；2022年3月14日，被公安民警发现并查获，经现场清点共计1000余株。经有关机构鉴定，送检罂粟苗属于被子植物门、双子植物纲、罂粟目、罂粟科、罂粟属的幼苗期植株。

2022年3月31日，公安机关以刘某某涉嫌非法种植毒品原植物罪移送审查起诉，检察机关于同年4月14日举行公开听证，4月20日对刘某某作出不起诉决定，现已生效。刘某某虽被不起诉，但其行为已违反《治安管理处罚法》第71条规定，应接受行政处罚。检察机关于2022年4月21日向公安机关制发检察意见书，建议依法对刘某某行政处罚，意见书得到公安机关采纳并已执行完毕。①

知识点：本案中，刘某某因偶然得知罂粟果子具有治疗生病家畜的作用而在自家地里种植，其行为符合"非法种植毒品原植物"的情形，故以此进行行政处罚。可以说，本案"在案件办理中实现了政治效果、法律效果、社会效果的有机统一。通过公开听证，广泛听取各方意见，一方面让老百姓深入了解检察机关'少捕慎诉慎押'理念，另一方面通过公开听

---

① 参见《贵州省人民检察院发布10个打击毒品违法犯罪典型案例》，https://www.pkulaw.com/pal/a3ecfd5d734f711dd06a591d32824de90eb56ee7bbc4e249bdfb.html，2023年9月1日访问。

证进行普法,让老百姓进一步了解毒品危害性"。

50. 什么是毒品违法行为?如何处罚毒品违法行为?

毒品包括鸦片、海洛因、甲基苯丙胺、吗啡、大麻、可卡因,以及国家规定管制的其他能够使人形成瘾癖的麻醉药品和精神药品。毒品违法行为主要包括四种情形:一是非法持有毒品的行为。此种行为是指违反法律和有关国家规定,未经有权部门批准,占有、携带、贮存或者以其他方式持有少量毒品但尚不构成刑事处罚。行为人持有可以是带在自己身上,也可以是将毒品藏在某处,还可以是将毒品委托他人保管。二是向他人提供毒品的行为。此种行为一般是指向他人免费提供毒品,如果行为人通过交易向他人提供毒品的,则构成贩毒罪。另外,向他人提供毒品的行为也指依法从事生产、运输、管理、使用国家管制的麻醉药品、精神药品的人员,违反国家规定,向吸食、注射毒品的人员提供能使人形成瘾癖的麻醉药品、精神药品,包括赠与和出售。三是吸食、注射毒品的行为。行为人的吸食、注射毒品的行为本身就具有违法性,但如果是为了治疗疾病合理使用吗啡等药物的,则不构成违反治安管理的行为。四是胁迫、欺骗医务人员开具麻醉药品、精神药品的行为，如胁迫医务人员开具杜冷丁等。

根据《治安管理处罚法》第 72 条规定，行为人有上述毒品违法行为的，处十日以上十五日以下拘留，可以并处二千元以下罚款；情节较轻的，处五日以下拘留或者五百元以下罚款。

51. 如何处罚教唆、引诱、欺骗他人吸食、注射毒品的行为？该行为与《刑法》中规定的引诱、教唆、欺骗、强迫他人吸毒罪的区别是什么？

《治安管理处罚法》第 73 条规定，教唆、引诱、欺骗他人吸食、注射毒品的，处十日以上十五日以下拘留，并处五百元以上二千元以下罚款。

《刑法》第 353 条规定，引诱、教唆、欺骗他人吸食、注射毒品的，处三年以下有期徒刑、拘役或者管制，并处罚金；情节严重的，处三年以上七年以下有期徒刑，并处罚金。强迫他人吸食、注射毒品的，处三年以上十年以下有期徒刑，并处罚金。引诱、教唆、欺骗或者强迫未成年人吸食、注射毒品的,从重处罚。

可见,违反《治安管理处罚法》的毒品违法行为的行为模式与《刑法》的规定基本相同。对于引诱、教唆、欺骗他人吸食、注射毒品的行为来说,二者的主要区别在于违法性的程度不同,前者是一种行政违法行为,依照《治安管理处罚法》的规定给予治安管理处罚;后者是一种犯罪行为,依照《刑法》的规定给予刑事处罚。而对于强迫他人吸食、注射毒品的行为,不论其社会危害性与违法性的大小,一律构成刑事犯罪。

52. 什么是服务行业通风报信的行为?如何处罚服务行业通风报信的行为?该行为与包庇罪的区别是什么?

服务行业通风报信的行为,是指旅馆业、饮食服务业、文化娱乐业、出租汽车业等单位的人员,在公安机关查处吸毒、赌博、卖淫、嫖娼活动时,将行动的时间、方式等情况告知吸毒、赌博、卖淫、嫖娼的违法犯罪分子。"公安机关查处吸毒、赌博、卖淫、嫖娼活动时",包括公安机关依法查处违法活动的全过程,既包括查处的部署阶段,也包括实施阶段。"通风报信"包括各种传递消息的方法和手段,如通过打电话、发送短信息、传呼信号和事先约定的各种联系暗号等。

根据《治安管理处罚法》第74条规定，对服务行业的人员实施通风报信的行为，处十日以上十五日以下拘留。

《刑法》第362条规定了窝藏、包庇罪，即"旅馆业、饮食服务业、文化娱乐业、出租汽车业等单位的人员，在公安机关查处卖淫、嫖娼活动时，为违法犯罪分子通风报信，情节严重的，依照本法第三百一十条的规定定罪处罚"。《治安管理处罚法》第74条规定的服务行业通风报信的行为与包庇罪主要区别有两个方面：一是只有情节严重的才构成包庇罪。情节严重，一般是指导致违法犯罪分子逃跑或者有其他严重情节的。二是仅限于在公安机关查处卖淫、嫖娼活动时，为违法犯罪分子通风报信，情节严重的，才构成包庇罪。在公安机关查处吸毒、赌博时，为违法犯罪分子通风报信，即使情节严重也只能给予治安管理处罚，而不构成包庇罪。

53. 哪些情形下饲养动物会违法？如何处罚饲养动物违法行为？

违法饲养动物行为主要包括三种情形：一是饲养动物，干扰他人正常生活的；二是放任动物恐吓他人；三是驱使动物伤害他人。

根据《治安管理处罚法》第75条规定，对于第一种情形，处警告；警告后不改正的，处二百元以上五百元以下罚款。对于第二种情形，处二百元以上五百元以下罚款。对于第三种情形，处五日以上十日以下拘留，并处二百元以上五百元以下罚款；情节较轻的，处五日以下拘留或者五百元以下罚款。

【案例】 高某违法饲养动物行政处罚案

案例简介：某小区设计合理，环境幽雅，是不少人梦寐以求的好居所。高某年过花甲，退休后花了大半积蓄终于搬进该小区。搬家时，他把相伴多年的黄狗"强强"也"搬"进套房。远离了嘈杂，"强强"生活很不适应，时常烦躁不安，特别是一到晚上便狂吠不已，吵得隔壁邻居自打"强强"来后便"没睡过一个安稳觉"。经多次与高某交涉无果，邻居遂向辖区派出所报案，辖区派出所对该案予以受理。随后，辖区派出所根据《治安管理处罚法》第75条的规定对高某处警告处罚。

知识点：本案中的高某年事已高，饲养动物能够较好地丰富其生活，寄托感情。但是，高某在饲养宠物的过程中未能较好地管理好宠物，导致干扰了他人的正常生活。多次交涉无果后，公安机关对其进行了警告。当然，只有在警告过后仍然不改正的，才能处以罚款。此案提醒我们，在饲养宠物的过程中，要注意不打扰他人的正常生活。

第四章 处罚程序

1. 报案、控告和举报有什么不同？公安机关如何处理报案、控告和举报？

报案，是指单位和个人（包括被害人）向公安机关及其人民警察报告发现有违反治安管理的行为发生或者违反治安管理的行为人。

控告，是指被害人及其近亲属对侵犯自己人身权利、财产权利的违反治安管理行为向公安机关告诉，要求追究违反治安管理行为人的法律责任的行为。控告是被害人维护自己合法权益，寻求法律帮助的重要途径。当被害人及其近亲属知道具体侵害人时，则为"控告"；如果只知道侵害行为发生，而不知具体侵害人，则为"报案"。

举报，是指除了当事人以外的其他知情人向公安机关检举、揭发违反治安管理行为人的违法事实或者潜逃的违反治安管理行为人的线索的行为。只有在当事人以外的其他知情人知道具体违法行为人时，才为"举报"；如果只知道违法行为的发生而不知具体违法行为人，则称"报案"。

公安机关对报案、控告、举报或者违反治安管理行为人主动投案，以及其他行政主管部门、司法机关移送的违反治安管理案件，应当及时受理，并进行登记。

公安机关受理报案、控告、举报、投案后，认为属于违反治安管理行为的，应当立即进行调查；认为不属于违反治安管理行为的，应当告知报案人、控告人、举报人、投案人，并说明理由。

2. 公安机关不受理案件时，举报人、控告人有哪些救济手段？

公安机关对报案、控告、举报、投案不受理的，举报人、控告人可以根据《行政复议法》"申请行政机关履行保护人身权利、财产权利、受教育权利等合法权益的法定职责，行政机关拒绝履行、未依法履行或者不予答复"的规定，或者根据《行政诉讼法》"申请行政机关履行保护人身权、财产权等合法权益的法定职责，行政机关拒绝履行或者不予答复"的规定，依法申请行政复议或者提起行政诉讼。

3. 如何确定行政案件的管辖地？

根据《公安机关办理行政案件程序规定》第二章"管辖"相关规定，行政案件由违法行为地的公安机关管辖。由违法行为人居住地公安机关管辖更为适宜的，可以由违法行为人居住地公安机关管辖，但是涉及卖淫、嫖娼、赌博、毒品的案件除外。

违法行为地包括违法行为发生地和违法结果发生地。违法行为发生地，包括违法行为的实施地以及开始地、途经地、结束地等与违法行为有关的地点；违法行为有连续、持续或者继续状态的，违法行为连续、持续或者继续实施的地方都属于违法行为发生地。违法结果发生地，包括违法对象被侵害地以及违法所得的实际取得地、藏匿地、转移地、使用地、销售地。

行驶中的客车上发生的行政案件，由案发后客车最初停靠地公安机关管辖；必要时，始发地、途经地、到达地公安机关也可以管辖。

4. 公安机关及其人民警察调查治安案件时，采取哪些手段属于非法收集证据？

公安机关及其人民警察对治安案件的调查，应当依法进行。公安机关及其人民警察采取刑讯逼供或者采用威胁、引诱、欺骗等手段属于非法收集证据。

《治安管理处罚法》第79条第2款规定，以非法手段收集的证据不得作为处罚的根据。

【案例】 以引诱方法取得的证据不得作为处罚根据

案例简介：2010年5月23日，李某受他人之托在某大酒店门口将2克海洛因交给殷某。同年5月27日夜，李某在公园公用电话亭附近将另外2克海洛因交给殷某后，被某市公安局B区分局民警当场抓获。据此，某市公安局B区分局认为李某的行为已违反《治安管理处罚法》第72条第2项规定，对李某处以5日治安拘留。本案中，殷某是按照公安机关的要求给李某打电话约好时间、地点，然后由李某将毒品交与其，公安机关的处罚依据是殷某的证词。李某不服，提出复议。市公安局认为，B区分局采取利用他人引诱行为人交易毒品的方式获取证据的行为违法，因此撤销了B区分局作出的处罚决定。

知识点：本案中是较为典型的"引诱"或"钓鱼"执法行为，殷某是按照公安机关的要求与李某进行交易，本案通过引诱手段收集证据属于"以违法手段收集的证据"，不得作为处罚的依据。因此，最终市公安局撤销了对李某的行政处罚。

5. 公安机关办理治安案件时，有哪些保密义务？

《治安管理处罚法》第80条规定，公安机关及其人民警察在办理治安案件时，对涉及的国家秘密、商业秘密或者个人隐私，应当予以保密。其中，国家秘密，是指关系国家的安全和利益，依照法定程序确定，在一定时间内只限一定范围的人员知悉的事项；商业秘密，是指不为公众所知悉，能为权利人带来经济利益，具有实用性并经权利人采取保密措施的技术信息和经营信息；个人隐私，是指公民个人不愿意公开的、与其人身权密切相关的、隐秘的事件或者事实。

6. 哪些情形下可以要求办案人员回避？

根据《治安管理处罚法》第 81 条规定，人民警察在办理治安案件过程中，需要回避的情形主要包括：一是本案当事人或者当事人的近亲属的；二是本人或者其近亲属与本案有利害关系的；三是与本案当事人有其他关系，可能影响案件公正处理的。人民警察的回避，由其所属的公安机关决定；公安机关负责人的回避，由上一级公安机关决定。

【案例】 回避的认定

案例简介：2011 年 8 月 16 日，徐某与其丈夫、朋友就餐后到车库取车，因为停车超时，车库保安要求补票，并对徐某等人所驾车辆暂未放行。此时，第三人杨某因驾车无法通过出口，与徐某的朋友张某发生口角，进而产生抓扯。其后，为阻止徐某驾车离开，杨某将徐某的车钥匙从启动的车上拔下，双方立即发生推搡和抓扯，致杨某胸部等处受伤。此后，公安机关依据《治安管理处罚法》第 43 条第 1 款规定，对徐某作出行政处罚。徐某不服提起诉讼，请求确认行政处罚决定违法。徐某称，承办民警明知杨某是高新区公安分局治安支队的支队长,与其属同事关系,而且是上下级关系,由其处理很可能影响本案的公正性,故办案民警应当回避。

知识点:一定情形下要求办案人员回避是为了保障案件处理的公平性,也是程序公正的基本要求。但回避制度的适用范围或者情形不能无限制地予以人为拓展或者扩大解释,要严格依据《治安管理处罚法》第81条规定的情形予以适用。本案中,行为人之间的上下级关系不是直接型的,并不会影响到案件的处理。不过,由于对行为人主观故意行为认定不当,原处罚决定书已经失去存在的基础,因此没有必要再讨论回避的问题,但是回避确实可以在一定意义上保证案件的公正处理。

7. 什么是传唤?传唤的程序是什么?传唤的期限是多长?

传唤,是指公安机关的办案人员对违反治安管理行为人,限令其在指定的时间、指定的地点接受询问的一项调查取证方式。《治安管理处罚法》第82条、第83条规定了传唤的程序、传唤后询问期限等内容。

需要传唤违反治安管理行为人接受调查的，经公安机关办案部门负责人批准，使用传唤证传唤。对现场发现的违反治安管理行为人，人民警察经出示工作证件，可以口头传唤，但应当在询问笔录中注明。公安机关应当将传唤的原因和依据告知被传唤人。对无正当理由不接受传唤或者逃避传唤的人，可以强制传唤。

对违反治安管理行为人，公安机关传唤后应当及时询问查证，询问查证的时间不得超过八小时；情况复杂，依照《治安管理处罚法》规定可能适用行政拘留处罚的，询问查证的时间不得超过二十四小时。公安机关应当及时将传唤的原因和处所通知被传唤人家属。

8. 询问笔录是如何制作的？被询问人能否自行提供书面材料？询问不满十六周岁的人有何要求？

询问笔录是办案机关办理治安案件的重要证据来源。《治安管理处罚法》第84条规定，询问笔录应当交被询问人核对；对没有阅读能力的，应当向其宣读。记载有遗漏或者差错的，被询问人可以提出补充或者更正。被询问人确认笔录无误后，应当签名或者盖章，询问的人民警察也应当在笔录上签名。被询问人要求就被询问事项自行提供书面材料的，应当准许；必要时，人民警察也可以要求被询问人自行书写。询问不满十六周岁的违反治安管理行为人，应当通知其父母或者其他监护人到场。

9. 如何询问被害人和证人？

询问被害人和其他证人是办案机关办理治安案件的重要手段。《治安管理处罚法》第85条第1款规定，人民警察询问被侵害人或者其他证人，可以到其所在单位或者住处进行；必要时，也可以通知其到公安机关提供证言。"必要时"主要根据特定情况而定，如案件涉及国家秘密等。

需要说明的是，人民警察在公安机关以外询问被侵害人或者其他证人，应当出示工作证件。询问聋哑的违反治安管理行为人、被侵害人或者其他证人，应当有通晓手语的人提供帮助，并在笔录上注明。询问不通晓当地通用的语言文字的违反治安管理行为人、被侵害人或者其他证人，应当配备翻译人员，并在笔录上注明。

10. 公安机关及其人民警察进行检查时应遵守哪些程序？如何制作检查笔录？

公安机关及其人民警察在办理治安案件时可以对有关的场所、物品、人身进行检查，检查是一项具有强制性的调查取证措施，因而应当严格依法进行。《治安管理处罚法》第87条规定，检查时，人民警察不得少于二人，并应当出示工作证件和县级以上人民政府公安机关开具的检查证明文件。对确有必要立即进行检查的，人民警察经出示工作证件，可以当场检查，但检查公民住所应当出示县级以上人民政府公安机关开具的检查证明文件。检查妇女的身体，应当由女性工作人员进行。

检查笔录是一项重要的证据，应当依法制作。《治安管理处罚法》第88条规定，检查的情况应当制作检查笔录，由检查人、被检查人和见证人签名或者盖章；被检查人拒绝签名的，人民警察应当在笔录上注明。

11. 公安机关办理治安案件时,哪些物品可以扣押?哪些物品不可以扣押?扣押有什么程序?如何保管扣押的物品?

《治安管理处罚法》第89条是关于物品扣押的规定,包括扣押物品的范围、实施扣押物品的程序以及扣押物品的处理等内容。

关于扣押物品的范围。公安机关办理治安案件,对与案件有关的需要作为证据的物品,可以扣押;对被侵害人或者善意第三人合法占有的财产,不得扣押,应当予以登记。对与案件无关的物品,不得扣押。

关于实施扣押物品的程序。对扣押的物品,应当会同在场见证人和被扣押物品持有人查点清楚,当场开列清单一式二份,由调查人员、见证人和持有人签名或者盖章,一份交给持有人,另一份附卷备查。

关于扣押物品的处理。对扣押的物品,应当妥善保管,不得挪作他用;对不宜长期保存的物品,按照有关规定处理。经查明与案件无关的,应当及时退还;经核实属于他人合法财产的,应当登记后立即退还;满六个月无人对该财产主张权利或者无法查清权利人的,应当公开拍卖或者按照国家有关规定处理,所得款项上缴国库。

12. 什么情况下可以进行鉴定?

实践中,对于一些有争议性的专门性问题往往需要进行鉴定,这些专门性问题主要包括:伤情鉴定、价格鉴定、精神病鉴定、毒品尿样鉴定、声像资料鉴定等。对此,《治安管理处罚法》第90条进行了规定,为了查明案情,需要解决案件中有争议的专门性问题的,应当指派或者聘请具有专门知识的人员进行鉴定;鉴定人鉴定后,应当写出鉴定意见,并且签名。

13. 治安管理处罚决定应由哪些机关作出?

《治安管理处罚法》第91条规定,治安管理处罚由县级以上人民政府公安机关决定;其中警告、五百元以下的罚款可以由公安派出所决定。

14. 如何折抵行政拘留？

《治安管理处罚法》第92条规定，对决定给予行政拘留处罚的人，在处罚前已经采取强制措施限制人身自由的时间，应当折抵；限制人身自由一日，折抵行政拘留一日。另外，《公安机关办理行政案件程序规定》第35条规定，期间以时、日、月、年计算，期间开始之时或者日不计算在内。第163条第1款规定，对决定给予行政拘留处罚的人，在处罚前因同一行为已经被采取强制措施限制人身自由的时间应当折抵。限制人身自由一日，折抵执行行政拘留一日。询问查证、继续盘问和采取约束措施的时间不予折抵。

15. 为何只有本人陈述时，不得作出治安管理处罚决定？

只有本人陈述，没有其他证据证明的，不能作出治安管理处罚决定。公安机关在查处治安案件时，对于本人自己承认实施了违反治安管理行为，或者自己陈述了违反治安管理行为事实，而没有其他证据证明、佐证的，不能认定其违法并予以处罚，也就是不能仅凭本人陈述进行处罚。这一方面是因为陈述本身就有虚假的可能性，连本人陈述是否真实都无法查实，就更谈不上根据陈述认定违反治安管理行为事实了，如果仅仅根据不能证实的陈述定案，就可能造成错案；另一方面是因为陈述的不确定性，如果仅以陈述作为治安管理处罚的依据，既没有证据证明本人陈述是自愿、真实的，也缺乏其他证据印证，因而在逻辑上不能形成唯一、排他的结论，一旦本人翻供，或者有任何证据证明其他事实，案件就会重新陷入事实不清或者结论错误的境地，公安机将处于被动状态。

《治安管理处罚法》第93条规定，公安机关查处治安案件，对没有本人陈述，但其他证据能够证明案件事实的，可以作出治安管理处罚决定。但是，只有本人陈述，没有其他证据证明的，不能作出治安管理处罚决定。该条款中所指的"只有本人陈述"，不能简单地理解为只有本人陈述这一项证据，还包括有其他一些证据，但是其陈述仍然是违反治安管理行为的孤证，相互之间不能印证，不能形成有效的证据链，从一般人的逻辑规则无法直接根据这些证据推出案件事实的情况。有的案件可能同时有本人陈述和其他证据，但是两项证据没有紧密的联系，分别证明不同的事实，不能相互佐证，导致本人陈述成为孤证。

16. 什么是陈述权？什么是申辩权？

陈述权和申辩权，是指在公安机关作出治安管理处罚之前，违反治安管理行为人有权提出自己的意见和看法，提出自己掌握的事实、证据或者线索，并对公安机关的指控进行解释、辩解，表明自己的主张，反驳对自己不利的意见和证据，坚持对自己有利的意见和证据的活动。陈述和申辩是法律赋予违反治安管理行为人的一种程序权利，是用以对抗行政指控的方法，案件的客观、真实与全面，就是在这种指控和申辩的过程中实现的。对此，《治安管理处罚法》第94条第2款和第3款规定，违反治安管理行为人有权陈述和申辩。公安机关必须充分听取违反治安管理行为人的意见，对违反治安管理行为人提出的事实、理由和证据，应当进行复核；违反治安管理行为人提出的事实、理由或者证据成立的，公安机关应当采纳。公安机关不得因违反治安管理行为人的陈述、申辩而加重处罚。

17. 治安案件有哪些处理情形？

治安案件调查结束后，公安机关对治安案件可以作出不同的处理决定。根据《治安管理处罚法》第95条规定，公安机关的处理包括四种情形：（1）确有依法应当给予治安管理处罚的违法行为的，根据情节轻重及具体情况，作出处罚决定；（2）依法不予处罚的，或者违法事实不能成立的，作出不予处罚决定；（3）违法行为已涉嫌犯罪的，移送主管机关依法追究刑事责任；（4）发现违反治安管理行为人有其他违法行为的，在对违反治安管理行为作出处罚决定的同时，通知有关行政主管部门处理。

【案例】 某派出所作出不予处罚的决定

案例简介：王某因琐事与梁某前妻发生纠纷，被闻讯赶来的梁某打了两个耳光。当日，王某带人至梁某住处，以到公安派出所解决上午发生的纠纷为由，与梁某发生争执与拉扯。后经梁某报案，某派出所分别对梁某、王某开具验伤通知书。此后，某派出所经过调查，认为违法事实不能成立，遂依据《治安管理处罚法》第95条第2项规定，作出不予行政处罚决定书。梁某不服，遂提起行政诉讼，请求撤销上述不予处罚行政决定。本案中，梁某受的伤是王某要其共同到公安派出所说理，相互拉扯中所致。梁某指控王某对其实施的违法事实不成立，某派出所对王某作出的不予处罚决定，适用法律正确，执法程序合法。

知识点：治安案件调查结束后，公安机关根据调查结果可以作出不同的处理决定。本案中，派出所经过调查并未发现王某有违法事实，因而作出不予行政处罚的决定。当然，如果当事人对于该决定不服的，可以在一定期限内申请行政复议或者提起行政诉讼。

18. 公安机关在作出治安管理处罚后，发现违法行为已涉嫌犯罪的，如何处理？

对于违法行为已涉嫌犯罪的，公安机关应当将案件移送有关主管部门依法追究刑事责任，不得作出治安管理处罚，也不得在移交有关主管部门的同时作出治安管理处罚。如果公安机关在作出治安管理处罚后，发现违法行为已涉嫌犯罪的，应当撤销已作出的治安管理处罚决定，并将案件移交有关主管部门依法追究刑事责任。对于已执行的治安管理处罚是否折抵刑罚，《行政处罚法》第35条规定，违法行为构成犯罪，人民法院判处拘役或者有期徒刑时，行政机关已经给予当事人行政拘留的，应当依法折抵相应刑期。违法行为构成犯罪，人民法院判处罚金时，行政机关已经给予当事人罚款的，应当折抵相应罚金；行政机关尚未给予当事人罚款的，不再给予罚款。当然，上述规定仅指治安管理处罚决定已执行的部分，对于治安管理处罚决定尚未执行的部分，则不应折抵。

19. 治安管理处罚决定书包括哪些内容？

治安管理处罚决定书是一种法律文书，意味着行政处罚决定的成立。制作治安管理处罚决定书，既是公安机关依法履行治安管理职责的一项权力，同时也是公安机关依法履行治安管理职责时必须履行的一项义务。无论是当场处罚还是依照一般程序作出的处罚，都应当制作行政处罚决定书，并应当交付当事人。

《治安管理处罚法》第96条规定，决定书应当载明下列内容：（1）被处罚人的姓名、性别、年龄、身份证件的名称和号码、住址；（2）违法事实和证据；（3）处罚的种类和依据；（4）处罚的执行方式和期限；（5）对处罚决定不服，申请行政复议、提起行政诉讼的途径和期限；（6）作出处罚决定的公安机关的名称和作出决定的日期。需要说明的是，决定书应当由作出处罚决定的公安机关加盖印章。

20. 治安管理处罚决定书如何进行宣告、送达、抄送？

交付和送达是治安管理处罚决定发生效力的前提，未交付和未送达的治安管理处罚决定书，对被处罚人不具有法律效力。如果当事人对处罚没有异议的，应当按照处罚决定书的要求及时履行；如果对处罚决定不服的，应当按照处罚决定书载明的途径和期限，及时申请行政复议或者提起行政诉讼。送达有多种形式，如直接送达、邮寄送达、留置送达、委托送达等。

《治安管理处罚法》第97条第1款规定，公安机关应当向被处罚人宣告治安管理处罚决定书，并当场交付被处罚人；无法当场向被处罚人宣告的，应当在二日内送达被处罚人。决定给予行政拘留处罚的,应当及时通知被处罚人的家属。可见,对于处罚决定书,应当当场交付,如果无法当场交付时,应当在二日内送达。"当场"是宣布处罚决定的现场,而不仅仅是当场处罚的现场。需要指出的是,有被侵害人的,公安机关应当将决定书副本抄送被侵害人。

21. 什么情况下违反治安管理行为人可以要求公安机关举行听证程序?

行政听证,是指行政主体在作出对行政相对人合法权益有重大影响的决定之前,必须通过法定的方式告知决定理由,听取相对人及利害关系人的意见,非经该程序不得做出任何行政决定的一种法律制度。《治安管理处罚法》第98条规定,公安机关作出吊销许可证以及处二千元以上罚款的治安管理处罚决定前,应当告知违反治安管理行为人有权要求举行听证;违反治安管理行为人要求听证的,公安机关应当及时依法举行听证。

22. 公安机关办理治安案件的期限是多长？

《治安管理处罚法》第99条规定，公安机关办理治安案件的期限，自受理之日起不得超过三十日；案情重大、复杂的，经上一级公安机关批准，可以延长三十日。为了查明案情进行鉴定的期间，不计入办理治安案件的期限。

【案例】 超期作出行政处罚决定案

案例简介：2014年1月7日19时许，因广场舞噪音问题，王某某酒后与栾某某等人发生争执，期间王某某上前摔打胡某某的电动车并打了栾某某的左耳朵一拳，后王某某到付某某的诊所内摔坏诊所办公桌上一个计算器。1月7日，安丘市公安局接到栾某某报案后立即立案，2月6日呈请延长办案期限一个月。2月24日，鉴定机构出具栾某某伤情为轻微伤的鉴定意见书，安丘市公安局分别于2月27日、3月6日向王某某、栾某某送达该鉴定意见书。8月12日，安丘市公安局作出安公（汶）行罚决字201400068号行政处罚决定书，决定对王某某处以行政拘留十二日、罚款五百元的行政处罚。12月19日，安丘市公安局向王某某送达该处罚决定书。王某某不服，向法院提起行政诉讼。

法院审理后认为,安丘市公安局于 2014 年 1 月 7 日受理本案,2014 年 2 月 6 日呈请延长办案期限一个月,2014 年 2 月 24 日进行法医鉴定,2014 年 2 月 27 日向王某某送达鉴定意见书,2014 年 3 月 6 日向第三人栾某某送达鉴定意见书,扣除鉴定的时间,安丘市公安局于 2014 年 8 月 12 日作出处罚决定书已超过该条规定的办案期限,属于程序违法。安丘市公安局于 2014 年 8 月 12 日作出行政处罚决定书,至 2014 年 12 月 19 日向王某某送达,已超过送达期限的规定,属于程序违法。涉案行政处罚决定认定事实清楚、证据充分、适用法律正确,对王某某的处罚适当,并未增加王某某的额外负担、损害王某某的合法权利,如撤销该处罚决定有损行政法治秩序,故判决确认安丘市公安局程序违法,但不撤销该行政处罚决定书。①

知识点:理论界对于超期作出行政处罚决定的法律效力有两种不同的观点:一是行政主体超过办案期限作出的处罚决定是有效的,否则不利于对行政秩序的维护以及对被侵害人合法

---

① 参见山东省潍坊市中级人民法院(2015)潍行终字第 133 号行政判决书。

权益的保护;二是为了维护社会秩序的安定性,行政主体在没有正当理由的情况下,不积极履行法定职责,超过法定办案期限作出的处罚决定,属于滥用职权,因而应该依法撤销。

23. 什么是当场处罚?当场处罚的程序是什么?

当场处罚,是指人民警察对于违反治安管理的行为人不再传唤到公安机关而直接当场作出治安管理处罚决定的一种处罚程序。当场处罚的意义在于:为公安机关及人民警察迅速处理简单治安案件,高效履行治安管理职责,及时维护社会秩序提供了可行的程序。当场处罚的法定条件包括:一是证据条件,即违反治安管理行为事实清楚,证据确凿;二是处罚条件,即处警告或者二百元以下罚款。

《治安管理处罚法》第101条规定了当场处罚的程序。当场作出治安管理处罚决定的,人民警察应当向违反治安管理行为人出示工作证件,并填写处罚决定书。处罚决定书应当当场交付被处罚人;有被侵害人的,并将决定书副本抄送被侵害人。当场处罚决定书,应当载明被处罚人的姓名、违法行为、处罚依据、罚款数额、时间、地点以及公安机关名称,并由经办的人民警察签名或者盖章。当场作出治安管理处罚决定的,经办的人民警察应当在二十四小时内报所属公安机关备案。

24. 什么情况下可以申请行政复议或者提起行政诉讼?行政复议和行政诉讼有什么区别?

行政处罚不是终局性的。被处罚人对治安管理处罚决定不服的,可以依法申请行政复议或者提起行政诉讼。

行政复议,是指国家行政机关在行使其行政管理职权时,与作为被管理对象的相对方发生争议,根据行政相对方的申请,由上一级国家行政机关或者法律法规规定的其他机关依法对引起争议的具体行政行为进行审查并作出处理决定的一种活动。行政诉讼,是指行政相对人认为行政主体作出的行政行为侵犯其合法权益,依法向人民法院提起诉讼,请求法院对被诉的行政行为进行审查,法院在诉讼当事人和其他诉讼参与人的参加下,对行政案件进行审理并作出裁判的活动。

从性质上来看,行政复议是行政行为,行政诉讼是司法行为;从处理机关和适用程序来看,行政复议是行政机关根据行政程序进行，行政诉讼由司法机关根据司法程序进行；从法律后果来看，行政复议实行一次审结制度，行政诉讼实行两审终审；从审查范围来看，行政复议主要针对具体行政行为的合法性和适当性，行政诉讼主要针对行政行为的合法性；从审理的依据来看，行政复议的法律依据主要是法律、法规、规章和其他规范性文件，行政诉讼主要是法律、法规、规章作为参考。

25. 如何执行行政拘留决定？

行政拘留是行政处罚中最为严厉的一种处罚。《治安管理处罚法》第103条规定，对被决定给予行政拘留处罚的人，由作出决定的公安机关送达拘留所执行。

26. 人民警察在哪些情形下可以当场收缴罚款？罚款缴纳的期限是多长？罚款收据有什么要求？

一般情况下，受到罚款处罚的人应当自收到处罚决定书之日起十五日内，到指定的银行缴纳罚款。但是在特定情形下，人民警察可以当场收缴罚款,这些情形主要包括:(1)被处罚五十元以下罚款,被处罚人对罚款无异议的;(2)在边远、水上、交通不便地区,公安机关及其人民警察依照《治安管理处罚法》的规定作出罚款决定后,被处罚人向指定的银行缴纳罚款确有困难,经被处罚人提出的;(3)被处罚人在当地没有固定住所,不当场收缴事后难以执行的。

《治安管理处罚法》第105条规定了罚款缴纳的期限。人民警察当场收缴的罚款,应当自收缴罚款之日起二日内,交至所属的公安机关;在水上、旅客列车上当场收缴的罚款,应当自抵岸或者到站之日起二日内,交至所属的公安机关;公安机关应当自收到罚款之日起二日内将罚款缴付指定的银行。

《治安管理处罚法》第106条规定了罚款收据的要求。人民警察当场收缴罚款的,应当向被处罚人出具省、自治区、直辖市人民政府财政部门统一制发的罚款收据;不出具统一制发的罚款收据的,被处罚人有权拒绝缴纳罚款。

27. 被处罚人申请暂缓执行行政拘留的条件是什么?

由于行政拘留处罚的最严厉性和不可挽回性,被处罚人在特定条件下可以申请暂缓执行行政拘留。《治安管理处罚法》第107条规定，被处罚人不服行政拘留处罚决定，申请行政复议、提起行政诉讼的，可以向公安机关提出暂缓执行行政拘留的申请。公安机关认为暂缓执行行政拘留不致发生社会危险的，由被处罚人或者其近亲属提出符合《治安管理处罚法》第108条规定条件的担保人，或者按每日行政拘留二百元的标准交纳保证金，行政拘留的处罚决定暂缓执行。

暂缓执行行政拘留的一个必要条件，是公安机关认为暂缓执行行政拘留不致发生社会危险。这里所说的"发生社会危险"，主要是指被处罚人有可能阻碍、逃避公安机关、行政复议机关或者人民法院的传唤、复议、审理和执行的，如逃跑、干扰证人、串供、毁灭、伪造证据、实施其他违法犯罪行为等。判断被处罚人是否会发生社会危险，要根据被处罚人各方面情况综合考虑，作出判断。通常需要考虑的因素包括：违反治安管理行为的性质、社会危害、被处罚人的一贯表现、与所居住区域的联系等。如果公安机关认为暂缓执行行政拘留可能会发生社会危险的，行政拘留处罚不得暂缓执行。

担保人应当符合下列条件：（1）与本案无牵连；（2）享有政治权利，人身自由未受到限制；（3）在当地有常住户口和固定住所;(4)有能力履行担保义务。担保人的义务主要是:保证被担保人不逃避行政拘留处罚的执行。担保人不履行担保义务,致使被担保人逃避行政拘留处罚的执行的,由公安机关对其处三千元以下罚款。

保证金,是指被拘留人或其近亲属为申请暂缓执行行政拘留决定而缴纳的保证被拘留人在行政复议或者行政诉讼期间不逃避行政拘留处罚执行的现金。没收保证金的条件是:被决定给予行政拘留处罚的人交纳保证金,暂缓行政拘留后,逃避行政拘留处罚的执行的,保证金予以没收并上缴国库。需要说明的是,任何单位不得私自扣留保证金。

第五章 执法监督

1. 公安机关及其人民警察办理治安案件的原则是什么？有哪些禁止行为？

公安机关及其人民警察应当依法、公正、严格、高效办理治安案件，文明执法，不得徇私舞弊。

公安机关及其人民警察办理治安案件，禁止对违反治安管理行为人打骂、虐待或者侮辱。

2. 什么是社会监督？

社会监督主要是指人民群众及社会上其他单位、团体或组织对公安机关及其人民警察执法活动的监督，包括通过社会舆论对人民警察执行职务的行为提出批评、建议，对人民警察违法行为进行申诉、控告、检举等一系列活动。

《宪法》第41条第1款规定，中华人民共和国公民对于任何国家机关和国家工作人员，有提出批评和建议的权利；对于任何国家机关和国家工作人员的违法失职行为，有向有关国家机关提出申诉、控告或者检举的权利，但是不得捏造或者歪曲事实进行诬告陷害。因此，公民和各种社会组织对公安机关及其人民警察的监督形式是多样的，渠道是多种的，既可以对各项工作提出批评、建议和改进的意见，也可以通过具体的案件进行监督，还可以对其不严格执法以及违法违纪行为向有关部门检举、控告。社会监督具有主体广泛性和道德评价性的特点。

3. 什么是罚缴分离原则？

罚缴分离原则，是指决定罚款的机关与收缴罚款的机构相分离。除法律规定的个别情况以外，作出行政处罚的行政机关不得自行收缴罚款，而是由当事人自己在法律法规规定的时间内，到指定的银行缴纳罚款。同时，罚款必须上缴国库，任何行政机关或者个人都不得以任何形式截留、私分，财政部门不得以任何形式向作出行政处罚决定的机关返还罚款。确立罚缴分离制度，不仅有利于解决有些行政机关及其工作人员乱罚款、以罚款作为创收手段等问题，还有利于提高行政执法的质量，同时也有利于加强廉政建设，从源头上预防和治理腐败，建设一支高素质的执法队伍。

4. 在什么情形下，公安机关及其人民警察办理治安案件时需要承担行政责任和刑事责任？

《治安管理处罚法》第116条规定，人民警察办理治安案件，有下列行为之一的，依法给予行政处分；构成犯罪的，依法追究刑事责任：（1）刑讯逼供、体罚、虐待、侮辱他人的；（2）超过询问查证的时间限制人身自由的；（3）不执行罚款决定与罚款收缴分离制度或者不按规定将罚没的财物上缴国库或者依法处理的；（4）私分、侵占、挪用、故意损毁收缴、扣押的财物的；（5）违反规定使用或者不及时返还被侵害人财物的；（6）违反规定不及时退还保证金的；（7）利用职务上的便利收受他人财物或者谋取其他利益的；（8）当场收缴罚款不出具罚款收据或者不如实填写罚款数额的；（9）接到要求制止违反治安管理行为的报警后，不及时出警的；（10）在查处违反治安管理活动时，为违法犯罪行为人通风报信的；（11）有徇私舞弊、滥用职权，不依法履行法定职责的其他情形的。

办理治安案件的公安机关有上述所列行为的,对直接负责的主管人员和其他直接责任人员给予相应的行政处分。

【案例】 某派出所行政不作为案

案例简介:董某与范某为前后邻居。2011年8月,因范某家装修后遗留的剩余材料堵塞了董某家的排水道,董某遂要求范某尽快将剩余的材料清理完毕,范某答应尽快清理,但一直未处理。后因下雨排水道无法排水以及董某家屋后积水,使得董某家的后墙出现松动现象。董某要求范某赔偿损失,范某不给,二人话不投机打在一起。随后,其亲属也参与到打斗之中。范某之子见事态严重,遂连续三次拨打110报警。110接警之后要求当地派出所立即出警,但该所指导员却以为两家还是小打小闹,没有立即安排出警,直到案发后两个小时才派人赶到现场进行处理。此时,范某因伤势严重已被送往医院。随后,范某之子以公安机关行政不作为为由提起诉讼,要求公安机关进行赔偿。

知识点:公安机关不作为案件是执法实践中容易引发争议

的案件类型，如案件当事人对是否构成"不作为"往往存在争议。本案中，范某之子连续三次拨打110报警，110接警之后要求当地派出所立即出警，派出所却以案件是"小打小闹"、事态不严重为由，拒不出警，最终导致发生较为严重的后果。因此，在本案中，派出所构成了行政不作为，根据《治安管理处罚法》第116条规定，应当对直接负责的主管人员和其他直接责任人员给予相应的行政处分。

5. 哪些情形下，受害人有申请行政赔偿的权利？

《治安管理处罚法》第117条规定，公安机关及其人民警察违法行使职权，侵犯公民、法人和其他组织合法权益的，应当赔礼道歉；造成损害的，应当依法承担赔偿责任。

【案例】 申请行政赔偿案

案例简介：2020年5月18日16时33分，衡阳市公安局石鼓分局接到报案，称包括杨某某在内的6名衡阳市松木经开区金源街道居民一起于2020年5月17日早上5时许从衡阳出发，在全国"两会"期间到北京上访。当晚，驻京办干部电话通知第三人，第三人派11名工作人员到北京，在北京西站将杨某某一行6人接回衡阳，并将杨某某涉嫌扰乱秩序一案移交给石鼓公安分局金源派出所。金源派出所受理该案后，于当日17时将杨某某口头传唤至被告执法办案区域，告知其传唤的原因和依据，并于次日通过电话将传唤的原因及处所通知了其家属，办案民警谢某某及派出所均在《被传唤人家属通知书》上签名。当日17时23分至18时41分，石鼓公安分局金源派出所两名民警对原告进行了询问。杨某某陈述其一行6人相约去北京上访，但在北京西站就遇到了第三人的工作人员，最终哪里都没有去。

2020年5月19日，派出所对杨某某作出行政处罚决定前，将拟作出行政处罚的事实、理由及依据告知杨某某，并告知其享有陈述和申辩的权利，但杨某某拒绝陈述和申辩。询问查证期间，派出所保证了杨某某的饮食和必要的休息时间。当日，派出所对杨某某作出涉案0291号行政处罚决定，但杨某某拒绝在涉案0291号处罚决定书上签字。当日15时20分，派出所通过电话将对杨某某拘留的原因和处所通知了其家属，杨某某被送往衡阳市拘留所执行，执行期限自2020年5月19日至2020年5月29日。杨某某后来提出行政诉讼。法院认为，本案中，派出所提供的证据不足以证明杨某某到达北京准备去上访的行为构成扰乱机关、团体、企业、事业单位秩序,致使工作、生产、营业、医疗、教学、科研不能正常进行的行为,且达到情节较重的程度,而对杨某某作出涉案0291号行政处罚决定,主要证据不足、适用法律错误,依法应当予以撤销。法院审理后判决,被告衡阳市公安局石鼓分局于本判决生效之日起十五日内赔偿原告杨某某被违法行政拘留十日的赔偿金3467.5元。①

知识点:公安机关及其人民警察违法行使职权,侵害公民合法权益,造成损害的,应当承担赔偿责任。本案中,主要存在两方面的违法行为:一是被告于2020年5月18日17时将原告口头传唤至被告执法办案区域,但没有将口头传唤的情况在询问笔录中注明,也没有在询问笔录中注明原告到案经过、到案时间和离开时间,以及询问查证期间保证原告的饮食和必要的休息时间等情况,程序轻微违法;二是原告杨某某的行为没有对社会治安管理秩序造成严重损失,被告对其作出行政处罚决定,主要证据不足、适用法律错误,侵犯了原告杨某某的人身自由,应予以赔偿。

---

① 参见衡阳铁路运输法院(2020)湘8602行初148号行政判决书。

第四部分

中华人民共和国监察法

Part IV

Supervision Law of the People's Republic of China

第一章 《监察法》的内容与定位

1. 什么是监察法?

2018年3月20日,第十三届全国人民代表大会第一次会议通过了《监察法》。这是一部对国家监察工作起统领性和基础性作用的法律,制定监察法是推进国家治理体系和治理能力现代化的重大举措,是总结反腐败斗争经验、巩固反腐败成果的制度保障。

《监察法》是政治体制改革的产物,体现、确认和巩固了2016年国家监察体制改革的成果,它的通过标志着国家监察体制改革迈入了有法可依、全面实施的新阶段。

《监察法》全文一共分为九章,六十九个条文,对于监察立法目的、党的领导、指导思想和目标、监察工作原则、监察机关及其职责、监察范围和管辖、监察权限、监察程序、反腐败国际合作、对监察机关和监察人员的监督、监察法律责任作了规定;对于解放军和武警部队的监察工作,规定了由中央军事委员会根据监察法制定具体规定;规定了监察法的施行日期

(公布之日起施行)以及废止了《行政监察法》。

2. 监察法在我国法律体系中的定位是什么?

监察法是国家法律体系的重要组成部分,理解监察法的性质和定位,主要从以下几个层面:

首先,监察法是公法。公法主要是指调整国家与普通公民、组织之间关系以及国家机关及其组成人员之间关系的法律,私法主要是指调整普通公民、组织之间关系的法律。监察法跟宪法、行政法一样,规制的是国家监察权的运行,是处理公权力和公领域问题的法律,所以性质上属于公法。

其次,从内容上看,监察法主要是一部程序法,同时又体现部分实体法的内容。监察法的主要条文是规范监察工作的运行程序,主要体现为程序法,类似刑事诉讼法、行政诉讼法、民事诉讼法等程序法。但是,监察法也对监察对象、监察范围等进行了规范,法律条文中具有部分实体法的内容。监察的实体依据,比如职务违法和职务犯罪的认定等问题,主要由政务处分法、刑法等实体法规定。

最后,监察法是基础性的部门法,是宪法的下位法。制定监察法以宪法为依据和遵循，宪法是监察法的上位法。监察法是由全国人大通过的基本部门法，与刑事诉讼法、刑法、行政法等均为同位阶的法律。宪法是国家的根本大法，具有最高的法律效力，制定法律、行政法规等都必须以宪法为依据。十三届全国人大一次会议审议通过的宪法修正案在"国家机构"一章中专门增写"监察委员会"一节，并在其他部分相应调整充实有关监察委员会的内容，确立了监察委员会作为国家机构的法律地位，为设立国家和地方各级监察委员会提供了根本法保障，为制定监察法提供了宪法依据。

3. 监察法的立法目的是什么？

监察法立法既是对监察体制改革成果的巩固和落实，也是为了更好地规制监察权的运行，保护人权，有效指导反腐败工作。

一是深化国家监察体制改革。党的十九大对此作出战略部署，要求将监察改革试点工作在全国推开，组建国家、省、市、县监察委员会，制定监察法。出台监察法就是贯彻落实党中央的决策部署，使党的主张通过法定程序成为国家意志，以立法形式将实践证明是行之有效的做法和经验上升为法律，将改革的成果固定化、法治化。

二是加强对所有行使公权力的公职人员的监督，实现国家监察全面覆盖。制定监察法，就是要贯彻落实上述改革精神，以法律的形式全面填补国家监督空白，实现国家监察对所有行使公权力的国家公职人员的监督全覆盖，将公务员及参照公务员法管理的人员，法律、法规授权或者受国家机关依法委托管理公共事务的组织中从事公务的人员，国有企业管理人员，公办的教育、科研、文化、医疗卫生、体育等单位中从事管理的人员，基层群众性自治组织中从事管理的人员以及其他依法履行公职的人员，统一纳入监察范围，由监察机关按照管理权限进行监察。原来检察机关只侦查职务犯罪行为，监察法规定监察机关既调查公职人员的职务违法行为，又调查职务犯罪行为。

三是深入开展反腐败工作。各级监察委员会与同级纪委合署办公，根据监察法的规定对行使公权力的公职人员进行监督、调查职务违法和职务犯罪、开展廉政建设和反腐败工作，有利于加强党对党风廉政建设和反腐败斗争的统一领导，形成工作合力，推进标本兼治，夺取反腐败斗争压倒性胜利，必将进一步增强人民群众对党的信心和信任，厚植党执政的政治基础。

第二章 监察机关及其职责

1. 监察委员会是什么性质的机关?

2016年监察体制改革新创设了监察委员会,监察委员会在我国国家机关体系中又被称作监察机关。关于监察委员会的性质,中央纪委认为监察机关是政治机关,这是监察机关的一个基本定位。除此之外,从法律视角看,监察机关还有其他几种不同的定位解释:

其一,监察机关属于国家机关。在我国党政组织体系中,党的机关包括纪委、组织部、宣传部、政法委、统战部等,国家机关包括行政机关、司法机关、监察机关、军事机关等。在机构属性上,监察机关被纳入国家机关体系,具体而言属于行使监察权的国家机关。

其二,监察机关属于宪法所明确的国家监察机关。我国《宪法》第123条规定,中华人民共和国各级监察委员会是国家的监察机关。

其三,监察机关是反腐败专责机关。监察机关是专责机关，是专责行使反腐败工作的国家机构。监察机关的责任是对所有行使公权力的公职人员进行全覆盖式的监督，对涉嫌职务违法和职务犯罪的公职人员进行立案调查和处置。

2. 我国监察机关为什么被定位为政治机关？

在国家机关体系之中，行政机关、司法机关等都没有被明确定位为政治机关，只有监察机关被特别定义为政治机关。监察机关的这个特殊定位，使其区别于其他国家机关，但也引起许多疑问，那就是为什么监察机关有着如此特别的定位？

中央纪委专门对此进行过官方解释。国家监察体制改革的根本目的，是加强党对反腐败工作的统一领导，推进国家治理体系和治理能力现代化。在国家权力结构中设置监察机关，是从我国历史传统和现实国情出发，加强对公权力监督的重大改革创新。在党的统一领导下，纪委监察委合署办公，实现了党内监督和国家监督、党的纪律检查与国家监察有机统一。监察委员会不设党组、不决定人事事项，本质上就是党的工作机构。监察委员会作为政治机关，政治属性是第一属性、根本属性，必须始终把讲政治放在第一位。

　　监察法草案规定，各级监察委员会是行使国家监察职能的专责机关，依照法律规定履行监督、调查、处置职责。过去，行政监察的对象主要是行政机关的工作人员，而检察院主要侦办国家工作人员职务犯罪，不管职务违法行为。改革后，监察机关从政府系统中分离出来，专司国家监察职责。监察委员会依法行使的监察权，不是行政监察、反贪反渎、预防腐败职能的简单叠加，而是在党直接领导下，代表党和国家对所有行使公权力的公职人员进行监督，既调查职务违法行为，又调查职务犯罪行为，可以说依托纪检、拓展监察、衔接司法，但又绝不是司法机关。这实际上是新的拓展、新的开创，监督对象和内容增多了，实现了"一加一大于二、等于三"。

　　还应注意，监察委员会的工作具有很强的政治性，在履行职责过程中既要加强日常监督、查清职务违法犯罪事实，进行相应处置，还要开展严肃的思想政治工作，进行理想信念宗旨教育，做到惩前毖后、治病救人，努力取得良好的政治效果、法纪效果和社会效果。

3. 如何理解监察体制改革后的"一府一委两院"?

我国的监察机关是和行政机关、司法机关相区别的国家机关,具有独立的宪法地位。从《宪法》对监察委员会的规定来看,监察委员会被规定在第三章"国家机构"中,位列"一府"和"两院"之间,构成我国"一府一委两院"的宪政结构。

监察改革之前的国家机关体系设置是"一府两院",即人民代表大会选举产生同级人民政府、人民检察院、人民法院,人民政府、人民法院和人民检察院合称"一府两院"。2016年监察改革创设了新的国家机关——监察委员会,监察委员会与人民政府、人民法院、人民检察院均由同级人大选举产生,此后的国家机关设置体系转型为"一府一委两院"。

4. 监察机关和人民代表大会是什么关系?

关于监察机关和人民代表大会的关系,监察机关由本级人民代表大会产生,须对其负责并受其监督。根据《宪法》第3条规定,监察机关由人民代表大会产生,即表明"监察机关与权力机关的'产生、负责和监督'的法律关系"①。《监察法》第53条第1、2款也规定:"各级监察委员会应当接受本级人民代表大会及其常务委员会的监督。各级人民代表大会常务委员会听取和审议本级监察委员会的专项工作报告,组织执法检查。"

因此,作为国家权力机关的人民代表大会既是同级监察机关的赋权者,也是同级监察机关的监督者,二者属于产生与被产生、监督与被监督的关系。

5. 上下级监察机关之间是什么关系?

上级监察机关与下级监察机关之间是领导与被领导的关系。在我国国家机构的纵向关系中,主要存在领导与被领导、监督与被监督两种关系。根据我国《宪法》第125条第2款和《监察法》第10条规定,监察机关内部是领导与被领导的关系,即"国家监察委员会领导地方各级监察委员会的工作,上级监察委员会领导下级监察委员会的工作"。

---

① 秦前红:《我国监察机关的宪法定位——以国家机关相互间的关系为中心》,载《中外法学》2018年第3期。

国家监察委员会在党中央领导下开展工作。地方各级监察委员会在同级党委和上级监察委员会双重领导下工作，监督执法调查工作以上级监察委员会领导为主，线索处置和案件查办在向同级党委报告的同时应当一并向上一级监察委员会报告。

上级监察委员会应当加强对下级监察委员会的领导。下级监察委员会对上级监察委员会的决定必须执行，认为决定不当的，应当在执行的同时向上级监察委员会反映。上级监察委员会对下级监察委员会作出的错误决定，应当按程序予以纠正，或者要求下级监察委员会予以纠正。

上级监察委员会可以依法统一调用所辖各级监察机关的监察人员办理监察事项，调用决定应当以书面形式作出。监察机关办理监察事项应当加强互相协作和配合，对于重要、复杂事项可以提请上级监察机关予以协调。

6. 如何理解纪律检查委员会和监察委员会的合署办公？

理解我国的纪检监察体制，首先必须厘清纪律检查委员会和监察委员会的关系。纪律检查委员会和监察委员会是以合署办公的形式组合在一起,统称为纪检监察机关,两者是一种密不可分的关系。纪律检查委员会和监察委员会合署办公具体表现为"一套人马、两块牌子"。

第一,"一套人马"是指各级纪律检查委员会和监察委员会的工作人员实际上是重合的,即纪律检查委员会的工作部门和工作人员,同时也是监察委员会的工作部门和工作人员。纪检监察机关合署办公后,设置一个领导班子,在纪律检查委员会常委会统一领导下进行工作;内设一套办公厅(室)、机关党务、干部人事、行政后勤集团;监察委员会不设党组,根据党管干部原则,研究干部人事问题需以纪律检查委员会常委会名义进行。

第二,"两块牌子"是指合署办公后的各级纪检监察机关具有双重身份,一个是党的机关——纪律检查委员会,一个是国家机关——监察委员会,实际上仍保留了作为党的机构的纪律检查委员会和作为国家机关的监察委员会两个机构,两者分别刻印印章,可以共同或各自的名义对外开展工作,在党政机构序列中则保留各自名称。

第三,在行使职权过程中,纪检监察机关综合履行党的纪律检查和国家的执法监察的双重职责。合署办公之后,党的纪律检查机关的执纪执法权和国家监察机关的监察权由纪检监察机关统一行使。

【案例】 青岛天宇辰现代农业有限公司原副总经理曹敏严重违纪违法被开除党籍

案例简介：2023年5月，经青岛市纪委监委指定，莱西市纪委监委对青岛天宇辰现代农业有限公司原副总经理曹敏严重违纪违法问题进行了立案审查调查。

经查，曹敏身为国有企业党员领导干部，丧失理想信念，背弃初心使命，对党不忠诚不老实，对抗组织审查；无视中央八项规定精神，违规收受礼品、礼金、消费卡；以权谋私，利用职务便利为他人在贷款融资等方面谋取利益，并非法收受巨额财物。

曹敏严重违反党的政治纪律、廉洁纪律，构成严重职务违法并涉嫌受贿犯罪，且在党的十八大后不收敛不收手，性质严重，影响恶劣，应予严肃处理。依据《中国共产党纪律处分条例》《监察法》《公职人员政务处分法》等有关规定，经青岛城市建设投资（集团）有限责任公司党委研究，决定给予曹敏开除党籍处分；由青岛城市建设投资（集团）有限责任公司给予其开除处分;收缴其违纪违法所得;莱西市监委将其涉嫌犯罪问题移送检察机关依法审查起诉,所涉财物一并移送。

知识点:从案例中的通报来看,有两处需注意的知识点:

一是纪委监委的称谓并用。案例中"青岛市纪委监委"这个称谓是实践中的通常用法,因为纪委监委合署办公,两机关"一套人马、两块牌子",实际上两机关就是同一套人马,对外挂纪委、监委两个牌子,统称为纪检监察机关。因此,提到纪检监察机关,即为对纪委监委的合称。

二是纪委监委合署办公,且综合行使纪律检查、监察监督两项职能。通报中既包括对曹敏违反政治纪律等党内纪律行为认定,也包括曹敏涉嫌违法犯罪的事实。实际上,纪委监委同时行使纪律监察、监察监督这两项职能。

7. 监察机关的组织架构是什么样的?

根据《宪法》第124条和《监察法》第7条规定,我国设立国家监察委员会和地方各级监察委员会。其中,"中华人民共和国国家监察委员会是最高监察机关",负责全国的监察工作，对地方各级监察委员会进行领导，有权办理各级监察机关权限范围内的监察事项。

地方各级监察委员会的设置和我国的行政区域划分基本一致。《宪法》第30条第1、2款规定："中华人民共和国的行政区域划分如下：（一）全国分为省、自治区、直辖市；（二）省、自治区分为自治州、县、自治县、市；（三）县、自治县分为乡、民族乡、镇。直辖市和较大的市分为区、县。自治州分为县、自治县、市。"《监察法》第7条第2款规定："省、自治区、直辖市、自治州、县、自治县、市、市辖区设立监察委员会。"据此，我国地方各级监察委员分为：省、自治区、直辖市监察委员会；设区的市、自治州监察委员会；县、自治县、县级市监察委员会。地方各级监察委员会负责本行政区域内的监察工作。

根据《宪法》和《监察法》规定，我国乡镇一级不设置监察委员会。监察机关根据工作需要可以对外设立派驻机构。

8. 监察机关的派驻机构有哪些？

《监察法》第12条第1款规定："各级监察委员会可以向

本级中国共产党机关、国家机关、法律法规授权或者委托管理公共事务的组织和单位以及所管辖的行政区域、国有企业等派驻或者派出监察机构、监察专员。"省级和设区的市级监察委员会依法向地区、盟、开发区等不设置人民代表大会的区域派出监察机构或者监察专员。县级监察委员会和直辖市所辖区(县)监察委员会可以向街道、乡镇等区域派出监察机构或者监察专员。监察机构、监察专员开展监察工作,受派出机关领导。

按照现行的派驻纪检监察组工作体制,纪律检查委员会也可以设立派驻机构,一般称作派驻纪检组。纪律检查委员会的派驻机构和监察委员会的派驻机构实际上也是合署办公,合称为派驻纪检监察组。

各级纪检监察机关的派驻机构主要包括以下几种类型:一是派驻党的机关和国家机关的派驻机构,比如派驻检察院纪检监察组、派驻法院纪检监察组、派驻公安局纪检监察组。二是派驻国有企业的纪检监察组,如中央纪委派驻央企的纪检监察组。三是派驻行使公权力的其他组织和单位的纪检组,比如派驻行业协会的纪检监察组。

派驻或者派出的监察机构、监察专员根据派出机关授权,按照管理权限依法对派驻或者派出监督单位、区域等的公职人员开展监督,对职务违法和职务犯罪进行调查、处置。监察机构、监察专员可以按规定与地方监察委员会联合调查严重职务违法、职务犯罪,或者移交地方监察委员会调查。

【案例】 2023年3月28日,中央纪委国家监委驻科技部纪检监察组与中国科协党组召开2023年第一次全面从严治党专题会商会,深入学习贯彻二十届中央纪委二次全会精神,研究部署中国科协2023年全面从严治党、党风廉政建设和反腐败工作。中国科协党组副书记束为出席并主持会议,驻科技部纪检监察组组长高波出席会议并讲话。中国科协党组、书记处同志出席会议并作表态发言。中央纪委国家监委第二监督检查室二级调研员范书之应邀到会指导。

会议听取了中国科协党组落实2022年第二次专题会商会意见情况,2022年落实全面从严治党主体责任、推进党风廉政建设和反腐败工作情况,以及2023年工作重点和落实举措的汇报。

知识点:纪委监委可以向政府部门派驻纪检监察组,比如中央纪委国家监委向国务院科技部派驻纪检监察组。派驻科技部纪检监察组既承担中央纪委授予的党纪监督职责,也承担国家监委授予的监察监督职责,对派驻单位科技部开展监督检查。

9. 监察机关的职责有哪些？

《监察法》第 11 条规定，监察委员会依照本法和有关法律规定履行监督、调查、处置职责。可以说，监察委员会的职责就是监督、调查和处置，具体包括以下内容：

（1）监督。对公职人员开展廉政教育，对其依法履职、秉公用权、廉洁从政从业以及道德操守情况进行监督检查；

（2）调查。对涉嫌贪污贿赂、滥用职权、玩忽职守、权力寻租、利益输送、徇私舞弊以及浪费国家资财等职务违法和职务犯罪进行调查；

（3）处置。对违法的公职人员依法作出政务处分决定；对履行职责不力、失职失责的领导人员进行问责；对涉嫌职务犯罪的，将调查结果移送人民检察院依法审查、提起公诉；向监察对象所在单位提出监察建议。

【案例】 中央纪委国家监委微信公众号 2023 年 6 月 19 日发布消息，据安徽省纪委监委消息：安徽省农业农村厅原副厅长、一级巡视员杨增权涉嫌严重违法，目前正在接受安徽省监察委员会监察调查。

据陕西省纪委监委消息：陕西开放大学党委副书记、纪委书记、省监委驻陕西开放大学监察专员张军利涉嫌严重违纪违法,目前正接受陕西省纪委监委纪律审查和监察调查。

知识点:该通报中有两个知识点。一是通报中使用某官员接受纪律审查和监察调查的描述,纪委监委对违反党纪的人使用纪律审查,对违反法律的人使用监察调查,审查和调查的称谓有不同的指向,立案审查和立案调查的称谓不可以混用。二是监察委员会对涉嫌职务犯罪的公职人员进行立案调查,而非立案侦查,立案调查和立案侦查有所区别,中央纪委认为监察委员会调查职务犯罪不同于公安机关等侦查机关的侦查活动,所以只能使用立案调查的用法。

第三章 监察范围和管辖

1. 什么是监察全覆盖?

《监察法》第1条规定:"为了深化国家监察体制改革,加强对所有行使公权力的公职人员的监督,实现国家监察全面覆盖,深入开展反腐败工作,推进国家治理体系和治理能力现代化,依据宪法,制定本法。"该规定明确了《监察法》的立法目的和监察范围。监察全覆盖,就是指监察机关履行对所有公职人员的监督职责,凡行使公权力的公职人员都要受到监察委员会的监督。根据《监察法》第3条的规定,监察机关对所有行使公权力的公职人员进行监察。《监察法实施条例》第37条进一步规定:"监察机关依法对所有行使公权力的公职人员进行监察,实现国家监察全面覆盖。"需要注意的是,监察对象只能是个人,而不包括单位。

2. 哪些人属于监察委员会的监察对象？

监察委员会的监察对象是一切行使公权力的公职人员，公职人员的范围包括国家机关工作人员、国有企业事业单位、行业协会等组织机构中从事公务的人员。《监察法》第 15 条规定，监察机关对下列公职人员和有关人员进行监察：

（1）中国共产党机关、人民代表大会及其常务委员会机关、人民政府、监察委员会、人民法院、人民检察院、中国人民政治协商会议各级委员会机关、民主党派机关和工商业联合会机关的公务员，以及参照《中华人民共和国公务员法》管理的人员；

（2）法律、法规授权或者受国家机关依法委托管理公共事务的组织中从事公务的人员；

（3）国有企业管理人员；

（4）公办的教育、科研、文化、医疗卫生、体育等单位中从事管理的人员；

（5）基层群众性自治组织中从事管理的人员；

（6）其他依法履行公职的人员。

3. 如何确定公务员和参公管理人员的范围?

根据公务员法的规定,公务员是指依法履行公职、纳入国家行政编制、由国家财政负担工资福利的工作人员。主要包括八类:

(1) 中国共产党机关公务员。包括:① 中央和地方各级党委、纪律检查委员会的领导人员;② 中央和地方各级党委工作部门、办事机构和派出机构的工作人员;③ 中央和地方各级纪律检查委员会机关和派出机构的工作人员;④ 街道、乡、镇党委机关的工作人员。

(2) 人民代表大会及其常务委员会机关公务员。包括:① 县级以上各级人民代表大会常务委员会领导人员,乡、镇人民代表大会主席、副主席;② 县级以上各级人民代表大会常务委员会工作机构和办事机构的工作人员;③ 各级人民代表大会专门委员会办事机构的工作人员。

(3) 人民政府公务员。包括:① 各级人民政府的领导人员;② 县级以上各级人民政府工作部门和派出机构的工作人员;③ 乡、镇人民政府机关的工作人员。

(4) 监察委员会公务员。包括:① 各级监察委员会的组成人员；② 各级监察委员会内设机构和派出监察机构的工作人员，派出的监察专员等。

（5）人民法院公务员。包括：① 最高人民法院和地方各级人民法院的法官、审判辅助人员；② 最高人民法院和地方各级人民法院的司法行政人员等。

（6）人民检察院公务员。包括：① 最高人民检察院和地方各级人民检察院的检察官、检察辅助人员；② 最高人民检察院和地方各级人民检察院的司法行政人员等。

（7）中国人民政治协商会议各级委员会机关公务员。包括：① 中国人民政治协商会议各级委员会的领导人员；② 中国人民政治协商会议各级委员会工作机构的工作人员。

（8）民主党派机关和工商业联合会机关公务员。包括：中国国民党革命委员会中央和地方各级委员会，中国民主同盟中央和地方各级委员会，中国民主建国会中央和地方各级委员会，中国民主促进会中央和地方各级委员会，中国农工民主党中央和地方各级委员会，中国致公党中央和地方各级委员会，九三学社中央和地方各级委员会，台湾民主自治同盟中央和地方各级委员会的公务员，以及中华全国工商业联合会和地方各级工商联等单位的公务员。

公务员身份的确定,有一套严格的法定程序,只有经过有关机关审核、审批及备案等程序,登记、录用或者调任为公务员后,方可确定为公务员。

《公务员法》第112条规定,法律、法规授权的具有公共事务管理职能的事业单位中除工勤人员以外的工作人员,经批准参照本法进行管理。比如,中国证券监督管理委员会,就是参照公务员法管理的事业单位。列入参照公务员法管理范围,应当严格按照规定的条件、程序和权限进行审批。

4. 法律、法规授权或者受国家机关依法委托管理公共事务的组织中从事公务的人员有哪些?

法律、法规授权或者受国家机关依法委托管理公共事务的组织中从事公务的人员依法从事公务,但不具有公务员、参公管理的人员、事业单位工作人员或国有企业管理人员的职务身份。在我国,事业单位人数多、分布广,出于历史和国情等原因,在一些地方和领域,法律、法规授权或者受国家机关依法委托管理公共事务的事业单位工作人员,其数量甚至大于公务员的数量。由于这些人员也行使公权力,为实现国家监察全覆盖,因此有必要将其纳入监察对象范围,由监察机关对其监督、调查、处置。

5. 国有企业管理人员有哪些?

《监察法》第 15 条第 3 项规定的是国有企业管理人员。根据有关规定和实践需要,作为监察对象的国有企业管理人员,主要是国有独资企业、国有控股企业(含国有独资金融企业和国有控股金融企业)及其分支机构的领导班子成员,包括设董事会的企业中由国有股权代表出任的董事长、副董事长、董事,总经理、副总经理,党委书记、副书记、纪委书记,工会主席等;未设董事会的企业的总经理(总裁)、副总经理(副总裁),党委书记、副书记、纪委书记,工会主席等。此外,对国有资产负有经营管理责任的国有企业中层和基层管理人员,包括部门经理、部门副经理、总监、副总监、车间负责人等;在管理、监督国有财产等重要岗位上工作的人员,包括会计、出纳人员等;国有企业所属事业单位领导人员,国有资本参股企业和金融机构中对国有资产负有经营管理责任的人员,也应当理解为国有企业管理人员的范畴,涉嫌职务违法和职务犯罪的，监察机关可以依法调查。

6. 公办的教育、科研、文化、医疗卫生、体育等单位中从事管理的人员有哪些？

作为监察对象的公办的教育、科研、文化、医疗卫生、体育等单位中从事管理的人员，主要是该单位及其分支机构的领导班子成员，以及该单位及其分支机构中的国家工作人员，比如，公办学校的校长、副校长，科研院所的院长、所长，公立医院的院长、副院长等。

公办的教育、科研、文化、医疗卫生、体育等单位及其分支机构中层和基层管理人员，包括管理岗六级以上职员，从事与职权相联系的管理事务的其他职员；在管理、监督国有财产等重要岗位上工作的人员，包括会计、出纳人员，采购、基建部门人员涉嫌职务违法和职务犯罪，监察机关可以依法调查。此外，临时从事与职权相联系的管理事务，包括依法组建的评标委员会、竞争性谈判采购中谈判小组、询价采购中询价小组的组成人员，在招标、政府采购等事项的评标或者采购活动中，利用职权实施的职务违法和职务犯罪行为，监察机关也可以依法调查。

7. 基层群众性自治组织中从事管理的人员有哪些?

《监察法》第 15 条第 5 项规定的是基层群众性自治组织中从事管理的人员。作为监察对象的基层群众性自治组织中从事管理的人员，包括村民委员会、居民委员会的主任、副主任和委员，以及其他受委托从事管理的人员。根据有关法律和立法解释，这里的"从事管理"主要是指：（1）救灾、抢险、防汛、优抚、扶贫、移民、救济款物的管理；（2）社会捐助公益事业款物的管理；（3）国有土地的经营和管理；（4）土地征用补偿费用的管理；（5）代征、代缴税款；（6）有关计划生育、户籍、征兵工作；（7）协助人民政府等国家机关在基层群众性自治组织中从事的其他管理工作。

8.《监察法》中其他依法履行公职的人员有哪些?

为了防止出现对监察对象列举不全的情况，避免挂一漏万，监察法设定了"其他依法履行公职的人员"这个兜底条款。但是,对于"其他依法履行公职的人员"不能无限制地扩大解释,判断一个"履行公职的人员"是否属于监察对象的标准,主要是其是否行使公权力,所涉嫌的职务违法或者职务犯罪是否损害了公权力的廉洁性。

需要注意的是,公办的教育、科研、文化、医疗卫生、体育等单位中具体哪些人员属于从事管理的人员,需要随着实践的发展,不断完善。

9. 行业协会工作人员是否属于监察对象?

判断一个人能否成为监察对象要采取实质标准——是否行使公权力、履行公务,而并非采取是否有公职或担任领导职务的形式标准。我国《监察法实施条例》第39条规定,除参照公务员法管理的人员外,对公共事务履行组织、领导、管理、监督等职责的人员,包括具有公共事务管理职能的行业协会等组织中从事公务的人员,以及法定检验、检测、检疫等机构中从事公务的人员。例如,在疾控中心、银行保险、证券公司等监督管理机构的工作人员,在注册会计师协会、医师协会、体育协会等具有公共事务管理职能的行业协会等组织中从事公务的人员等。从性质上看,这些机构并非是严格意义上的行政机关,但其工作人员通过法律法规授权或者接受委托的方式,实质上享有行使管理社会的公权力,理应纳入到监察对象的范围内。

但需注意的是,并不是在行业协会、事业单位工作的人都是监察对象,关键要看这些工作人员是否在行使公共事务管理权力。如果行业协会、事业单位中的普通工作人员,仅从事一般业务性工作,而没有在行使公共管理职权,则不属于监察对象。虽然这些普通工作人员不属于监察对象,但如果具有中共党员身份,则仍然要接受纪律检查委员会的党纪监督。

【案例】 2022年10月,经贵州省委批准,贵州省纪委监委对贵州省科学技术协会党组成员、副主席雷文蓉严重违纪违法问题进行了立案审查调查。

经查,雷文蓉身为党员领导干部和国家公职人员,丧失理想信念,背弃初心使命,无视中央八项规定精神,违规收受礼品礼金,接受管理服务对象宴请;违反组织纪律,隐瞒不报个人房产情况;违反廉洁纪律,收受可能影响公正执行公务的礼品礼金；以权谋私，利用职务便利为他人在项目承接、申报等事项上谋取利益，并非法收受他人巨额财物。

雷文蓉严重违反中央八项规定精神、组织纪律和廉洁纪律，构成职务违法并涉嫌受贿犯罪，且在党的十八大后不收敛、不收手，其违纪违法行为性质恶劣，情节严重，应予严肃处理。雷文蓉主动投案，如实说明本人违纪违法及涉嫌犯罪事实，全额退缴违纪违法及涉嫌犯罪所得，认错悔罪态度好，具有从轻或减轻处罚情节。依据《中国共产党纪律处分条例》《监察法》《公职人员政务处分法》等有关规定，经贵州省纪委常委会会议研究并报贵州省委批准，决定给予雷文蓉开除党籍处分，由贵州省监委给予其开除公职处分，收缴其违纪违法所得；将其涉嫌犯罪问题移送检察机关依法审查起诉，所涉财物随案移送。

知识点：科技协会属于法律、法规授权或者受国家机关依法委托管理公共事务的组织，雷文蓉作为协会主要领导，具有管理公共事务的职责，其在行使职权中涉嫌受贿，应由监察委员会立案调查。

10. 监察委员会可以对哪些职务犯罪进行立案调查？

监察机关的职能和目的在于打击公职人员的职务违法和职务犯罪行为，因而《监察法》和《监察法实施条例》在其管辖的具体罪名上也突出了这一重点。《监察法实施条例》第25条至第31条以及第52条将全部的监察职能管辖的罪名予以明确规定，根据其规定，监察机关可以管辖的罪名共有101个，包括公职人员实施的贪污贿赂犯罪（19个罪名）、滥用职权犯罪（18个罪名）、玩忽职守犯罪（11个罪名）、徇私舞弊犯罪（15个罪名）、重大责任事故犯罪（12个罪名）、公职人员在行使权力过程中实施的其他犯罪（17个罪名）以及其他司法工作人员渎职侵权犯罪（9个罪名），共7类犯罪。

11. 什么是监察委员会的地域管辖分工？

地域管辖是按照行政辖区划分确定的。"本辖区"是指本级监察机关所在的省（自治区、直辖市）、市（自治州、盟）、县（自治县、县级市、旗）的行政管辖区域。"本辖区"确定了地域管辖的范围，各级监察机关原则上只对本行政区域内，本级组织人事部门管理的监察对象及其所涉及的监察事项具有管辖权。国家监察委可以管辖全国范围内发生的职务违法和职务犯罪案件；省级监察委可以管辖全省范围内发生的职务违法和职务犯罪案件；地市级监察委可以管辖地市级范围内发生的职务违法和职务犯罪案件；县（区）监察委可以管辖县区范围内发生的职务违法和职务犯罪案件。

同时，《监察法》改变了《刑事诉讼法》以犯罪行为发生地确定其地域管辖的制度，代之以辖区管辖制度。实践中，监察机关采取的是"被调查人工作单位所在地"的地域管辖原则，即被调查对象工作单位在何地，就由何地的监察委员会立案调查。

12. 如何理解监察委员会的级别管辖分工？

级别管辖是按照各级监察机关管理权限划分确定的。管理权限是指党和国家的干部管理权限，即对监察对象的组织人事管理权限。换言之，监察对象的组织人事关系由哪一级组织人事部门管理，其所涉及的监察事项则由相对应的监察机关管辖。各级监察机关对于组织人事关系不由本级组织人事部门管理的监察对象,不具有管辖权。

监察管辖的分级负责是以领导职务的五级为标准来确立的,即国家级、省部级、厅局级、县处级、乡镇科级五级。各级监察委按以下标准来确定管辖权限:一是国家监察委员会管辖中央管理的公务人员(中管干部)的职务违法和职务犯罪行为,以及具有全国影响的其他重大职务违法和职务犯罪案件。中管干部在中央组织部门备案,其职务任免权在中共中央,中央组织部门在其任命上具有建议权,一般均为副部级以上领导。二是省监察委员会管辖省级组织部门管理的公务人员(省管干部)的职务违法和职务犯罪行为。省管干部的人事关系由省委组织部备案管理,并由省委组织部门推荐、任命,一般为司(局)级,比如地市级的书记、市长,省直机关正副职领导,高等院校书记、校长等。三是地市监察委员会管辖地市级组织部门管理的公务人员(市管干部)的职务违法和职务犯罪行为。市管干部组织关系在地市级组织部备案,由地市级组织部推荐和任命。常见的县处级干部有县(区)委、县(区)人大、政协、司法机关的主要领导。四是县(区)监察委员会管辖县(区)组织部门管理的公务人员(县管干部)的职务违法和职务犯罪行为。县管干部组织关系在县(区)

组织部备案,由县(区)组织部门任命和管理的干部,一般为科级领导,比如乡镇党委主要领导,县(区)主要部门的负责人等。

13. 什么是监察委员会的提级管辖?

提级管辖作为移转管辖的一种形式,也称管辖权向上的移转,是指上级监察机关办理下一级或下辖各级监察机关管辖范围内的监察事项。从建立提级管辖的必要性来看,是对级别管辖制度的补充和调整。

从相关法律规定来看,《监察法》第16条第2款规定:"上级监察机关可以办理下一级监察机关管辖范围内的监察事项,必要时也可以办理所辖各级监察机关管辖范围内的监察事项。"第17条第2款规定:"监察机关认为所管辖的监察事项重大、复杂,需要由上级监察机关管辖的,可以报请上级监察机关管辖。"

由此可见,提级管辖存在两种情形:一是上级监察机关自行决定提级管辖;二是下级监察机关报请上级监察机关提级管辖。

(1) 自行提级管辖。《监察法实施条例》第 47 条第 1 款规定:"上级监察机关对于下一级监察机关管辖范围内的职务违法和职务犯罪案件,具有下列情形之一的,可以依法提级管辖:(一)在本辖区有重大影响的;(二)涉及多个下级监察机关管辖的监察对象,调查难度大的;(三)其他需要提级管辖的重大、复杂案件。"

(2) 报请提级管辖。《监察法实施条例》第 47 条第 3 款规定:"地方各级监察机关所管辖的职务违法和职务犯罪案件,具有第一款规定情形的,可以依法报请上一级监察机关管辖。"各级监察机关认为具有上述法定事由的,可以报请上级监察机关管辖原本由自己管辖的监察事项。

第四章 监察权限

1. 监察委员会的监察权有哪些?

根据《监察法》的规定,国家监察委员会依法组建,监察委员会作为行使国家监察职能的专责机关,与党的纪律检查机关合署办公,从而实现党对国家监察工作的领导。监察委员会依法独立行使监察职权,加强对所有行使公权力的公职人员实施监察,即对所有行使公权力的公职人员依照法律规定履行监督、调查、处置职责。监察委员会的监察权可以进一步细分为监督权、调查权和处置权。

2. 监察监督的方式有哪些?

监察委员会的主要职责是监督,监督权是监察权的本质所在。监察委员会主要从三个方面对公职人员进行监督检查:

一是监督公职人员的依法履职情况:监督检查公职人员是否严格遵守宪法和法律,是否按照法定权限和程序认真履行职责,是否坚持"法定职责必须为、法无授权不可为",是否自觉运用法治思维和法治方式推动工作,是否存在超越法律行使权力的违法行为。

二是监督公职人员的秉公用权情况:监督检查公职人员是否按规则按制度行使权力,是否真正做到了权为民所用、利为民所谋,是否真正做到了大公无私、公私分明、先公后私、公而忘私,是否存在搞特权、特殊化、公权异化、以权谋私的行为,是否存在玩忽职守、不作为、慢作为、乱作为的行为。

三是监督公职人员的廉洁从政从业情况:监督公职人员是否廉洁从政,自觉保持人民公仆本色,是否廉洁用权,自觉维护人民根本利益,是否廉洁修身,自觉提升思想道德境界,是否存在贪污受贿,权钱交易、权色交易等违法乱纪的情况。值得注意的是,《监察法》在"廉洁从政"的基础上增加了"从业"这一规定,体现了党和国家对于实现反腐"全覆盖"的决心。

监察机关履行监督职责的方式包括教育和检查。在合署办公体制下,纪委的监督与监委的监督是彼此联结的,纪委的执纪监督、派驻监督、信访监督、党风廉政意见回复、谈话提醒和约谈函询制度、审查监督、通报曝光制度等,也都适用于监察监督。

3. 监察调查措施有哪些类型?

《监察法》赋予监察机关谈话、讯问、询问、留置、查询、冻结、搜查、勘验检查、鉴定、调取、查封、扣押、技术调查、通缉、限制出境 15 项调查措施。之后,《中国共产党纪律检查机关监督执纪工作规则》《监察机关监督执法工作规定》及《监察法实施条例》等规范性文件对 15 项调查措施的适用条件、审批程序等事项予以细化或明确,为理论研究与执纪执法实务提供了指导。

监察机关在初步核实中,可以依法采取谈话、询问、查询、调取、勘验检查、鉴定措施;正式立案后可以采取讯问、留置、冻结、搜查、查封、扣押、通缉措施。需要采取技术调查、限制出境措施的,应当按照规定交有关机关依法执行。设区的市级以下监察机关在初步核实中不得采取技术调查措施。

4. 监察委员会调查职务犯罪和侦查机关侦查其他类型犯罪有什么区别?

针对刑法中犯罪的管辖分工,监察委员会负责调查职务犯罪,称为"监察调查",而公安机关、国家安全机关、监狱等负责侦查其他类型的犯罪,称为"刑事侦查"。监察调查依据监察法的相关规定进行,而刑事侦查则依据刑事诉讼法等规范进行。

监察机关行使的调查权不同于侦查机关行使的刑事侦查权,不能等同司法机关的强制措施。监察委员会是由国家权力机关设立的监督机关,是反腐败工作机构,其职责是监督、调查、处置,与公安、检察机关等执法和司法机关性质不同。反腐败针对的职务犯罪区别于一般刑事犯罪,监察法区别于刑事诉讼法。监察机关调查职务违法和职务犯罪适用监察法,案件移送检察机关后适用刑事诉讼法。

如果公职人员涉嫌职务犯罪,先由监察机关根据监察法规定,将职务犯罪案件调查清楚。之后按照有关规定,移送检察机关审查起诉,交由法院进行审判。

5. 监察委员会对监察对象可以采取哪些处置手段？

《监察法》第45条规定，监察机关根据监督、调查结果，依法作出如下处置：

（1）对有职务违法行为但情节较轻的公职人员，按照管理权限，直接或者委托有关机关、人员，进行谈话提醒、批评教育、责令检查，或者予以诫勉；

（2）对违法的公职人员依照法定程序作出警告、记过、记大过、降级、撤职、开除等政务处分决定；

（3）对不履行或者不正确履行职责负有责任的领导人员，按照管理权限对其直接作出问责决定，或者向有权作出问责决定的机关提出问责建议；

（4）对涉嫌职务犯罪的，监察机关经调查认为犯罪事实清楚，证据确实、充分的，制作起诉意见书，连同案卷材料、证据一并移送人民检察院依法审查、提起公诉；

（5）对监察对象所在单位廉政建设和履行职责存在的问题等提出监察建议。

监察机关经调查，对没有证据证明被调查人存在违法犯罪行为的，应当撤销案件，并通知被调查人所在单位。

从上述规定看,监察委员会对监察对象可以采取以下几类处置方式:一是批评教育类的处分,比如对监察对象进行谈话提醒、批评教育、责令检查,或者予以诫勉。二是政务处分,对违法的公职人员依照法定程序作出警告、记过、记大过、降级、撤职、开除等政务处分决定。三是移送司法,监察委员会对涉嫌职务犯罪的公职人员调查终结后,移送检察院审查起诉,之后由检察院起诉至法院审判。四是发出监察建议,监察委员会发现公职人员所在单位存在廉政风险等问题,可以向该单位发出监察建议,要求该单位落实整改。

6. 对于同时涉嫌违纪和违法的公职人员,应当如何匹配使用党纪处分和政务处分?

许多监察对象同时具有公职人员和中共党员的身份,这类监察对象涉嫌违纪违法被立案审查调查之后,必须给予党纪处分和政务处分,这就涉及如何对一个违反党纪国法的人同时匹配适用党纪处分和政务处分。

首先,党纪处分和政务处分的具体内容不同。对党员的党纪处分有五种:警告、严重警告、撤销党内职务、留党察看、开除党籍。对公职人员的处分包括警告、记过、记大过、降级、撤职、开除六种政务处分。

其次,党纪处分和政务处分都存在轻重之别。党纪处分中的撤销党内职务、留党察看、开除党籍,以及政务处分中的撤职、开除属于重处分,其他处分类型均为轻处分。

最后,党纪处分和政务处分在适用中遵循以下原则:一是党纪处分和政务处分中的轻处分可以单独适用,也可以搭配适用。比如,某公务员的违纪违法行为较轻,只需给予轻处分,则可以仅对其进行政务警告,而无须再给予党纪警告,因为两类警告的后果相似。二是党纪处分和政务处分必须同时作出,即监察委员会对同时涉嫌违纪和违法的公职人员,如果决定给予党纪处分和政务处分,必须同时作出两类处分决定。三是如果党纪处分和政务处分同时适用,遵循"轻轻、重重"的匹配原则,即监察委员会对公职人员适用政务轻处分,同时只能对该公职人员适用党纪轻处分。如果监察委员会对公职人员适用政务重处分,同时也只能对该公职人员适用党纪重处分。比如,给予撤销党内职务处分时,一般应当搭配撤职处分。给予开除公职处分的,必然匹配开除党籍处分。

【案例】 2022年11月5日中央纪委国家监委网站讯：经中共中央批准，中央纪委国家监委对中国人民银行原党委委员、副行长范一飞严重违纪违法问题进行了立案审查调查。

经查，范一飞丧失理想信念，背弃初心使命，政治意识淡漠，对抗组织审查，大搞迷信活动；无视中央八项规定精神，长期违规接受宴请、旅游、打高尔夫球等活动安排，违规参加公款宴请、收受礼品礼金、出入私人会所；在职务安排、岗位调整等方面为他人谋取利益；为官不廉，纵容亲属不实际工作而获取薪酬，搞权色交易；违规干预、插手执法活动；道德败坏，家风不正；毫无纪法底线，胆大妄为，"靠金融吃金融""以钱生钱"，长期以"投资"为名大搞权钱交易，利用职务便利为他人在贷款融资、企业经营等方面谋利，并非法收受巨额财物。

范一飞严重违反党的政治纪律、组织纪律、廉洁纪律、工作纪律和生活纪律，构成严重职务违法并涉嫌受贿犯罪，且在党的十八大后不收敛、不收手，性质严重，影响恶劣，应予严肃处理。依据《中国共产党纪律处分条例》《监察法》《公职人员政务处分法》等有关规定，经中央纪委常委会会议研究并报中共中央批准，决定给予范一飞开除党籍处分；由国家监委给予其开除公职处分;收缴其违纪违法所得;将其涉嫌犯罪问题移送检察机关依法审查起诉,所涉财物一并移送。

知识点:该案中范一飞因涉嫌违纪违法,被同时开除党籍和开除公职,两类处分均为重处分,属于党纪处分和政务处分的匹配适用。

7. 新闻媒体报道的"断崖式降级"是一种什么处分?

断崖式处理是新闻媒体形象的说法,断崖式处理并不是一类具体的处分类型,相关法律法规中并无断崖的用法。纪委监委在办案过程中,按照规定给予严重违纪违法的党员干部以党纪重处分,比如撤销党内职务、留党察看、开除党籍,同时在职务上进行重大职务调整,比如从省部级降为局级,有的降为处级,有的降为科级。这种领导干部级别的大幅度降低,一般被媒体称作"断崖式降级"。例如,2014 年,云南省委原常委、昆明市委原书记张田欣连降四级,从副省级降为副处级非领导职务,江西省委原常委、秘书长赵智勇从副省级连降七级到科级。

政务处分中的降级是一类单独的处分类型，本质上是一种政务轻处分。"断崖式降级"其实不是政务处分中的降级，实际上是政务撤职处分，即撤销领导职务，同时降低一个以上职级，并降低级别和工资。这些领导干部看似是受到了降级处分，其实是因为严重违纪违法被政务撤职，撤职后领导干部失去原来的职级待遇，属于附带着降低级别和工资。

8. 监察委员会进行调查工作有哪些要求？

《监察法》第40条规定："监察机关对职务违法和职务犯罪案件，应当进行调查，收集被调查人有无违法犯罪以及情节轻重的证据，查明违法犯罪事实，形成相互印证、完整稳定的证据链。严禁以威胁、引诱、欺骗及其他非法方式收集证据，严禁侮辱、打骂、虐待、体罚或者变相体罚被调查人和涉案人员。"

首先，要依法全面收集证据。依法全面收集证据主要是指，监察机关调查人员必须严格依照规定程序，收集能够证实被调查人有无违法犯罪以及情节轻重的各种证据。这要求监察机关收集证据必须要客观、全面，不能只收集一方面的证据。

其次,严禁以非法方式收集证据。严禁以非法方式收集证据主要是指,严禁刑讯逼供,严禁以威胁、引诱、欺骗及其他非法方式来获取证据。特别是以刑讯逼供、威胁、引诱、欺骗方式取得的被调查人和涉案人员的口供,迫于压力或被欺骗情况下提供的口供,虚假的可能性非常之大,仅凭此就作为定案根据,极易造成错案。其中,刑讯逼供包括以暴力殴打、长时间不让睡眠等方式对被调查人和涉案人员逼取口供。通过思想政治工作让被调查人和涉案人员主动交代,争取从宽处理;对被调查人和涉案人员宣讲党和国家的政策,宣传法律关于如实供述自己罪行可以从轻处罚的规定,不属于强迫犯罪嫌疑人证实自己有罪。

9. 监察委员会采取调查措施有哪些程序规定?

《监察法》第41条规定:"调查人员采取讯问、询问、留置、搜查、调取、查封、扣押、勘验检查等调查措施,均应当依照规定出示证件,出具书面通知,由二人以上进行,形成笔录、报告等书面材料,并由相关人员签名、盖章。调查人员进行讯问以及搜查、查封、扣押等重要取证工作,应当对全过程进行录音录像，留存备查。"

《监察法》第41条分为两款。第1款规定了采取调查措施的程序要求，主要有四点：

一是依照规定出示证件。出示证件的目的是证明调查人员的真实身份，以便相关单位和人员积极有效地配合。如询问证人时应当出示工作证件，即出示能够证实调查人员身份的有效工作证。

二是出具书面通知。监察机关决定采取调查措施时，应当制作书面通知，交由调查人员向相关单位或个人在现场出示，以证明调查人员的行为经过监察机关合法授权。如进行搜查必须向被搜查单位或个人出示搜查证明文件，否则相关单位或个人有权不予配合。

三是由二人以上进行。采取调查措施，应当由两名以上调查人员进行，主要考虑的是实际工作的需要：有利于客观、真实获取和固定证据；有利于互相配合、互相监督，防止个人徇私舞弊或发生刑讯逼供、诱供等非法调查行为；有利于防止一些被调查人诬告调查人员有人身侮辱、刑讯逼供等行为。

四是形成笔录、报告等书面材料，并由相关人员签名、盖章。笔录、报告等书面材料是证据的重要载体，有利于保证证据的客观和真实。要求由相关人员签名、盖章，是对笔录、报告等书面材料的核对与认可，以防止歪曲被调查人、证人的真实意图，或者出现强加于人的主观臆断甚至捏造事实等情况。

第2款规定了重要取证工作应当全程录音录像。调查人员进行讯问以及搜查、查封、扣押等重要取证工作，应当全程录音录像，目的是留存备查，这既是对重要取证工作的规范，也是对调查人员的保护。录音录像应当符合全程的要求，如果不能保证全程录音录像，录制设备的开启和关闭时间完全由调查人员自由掌握，录音录像就不能发挥证明取证工作合法性的作用。

需要注意的是，监察机关对调查过程的录音录像不随案移送检察机关。检察机关认为需要调取与指控犯罪有关且需要对证据合法性进行审查的录音录像，可以同监察机关沟通协商后予以调取。所有因案件需要接触录音录像的人员，应当对录音录像的内容严格保密。

10. 监察委员会如何向有关单位查询涉案信息？

查询是指监察机关对涉案单位和涉案人员的存款、汇款、债券、股票、基金份额等财产的情况,向银行或者其他金融机构进行查阅、询问、核对的行为。监察机关采取查询措施的要求,主要有三个方面:

一是查询的对象。监察机关可以查询的,只能是涉案单位和个人的财产情况,不能随意扩大查询对象,不得查询与案件无关的单位和个人的财产情况。这些财产或为职务违法犯罪所得,或被用于职务违法犯罪。通过查询这些财产的情况,可以查明案情,查清被调查人和涉案人员有罪、罪重或者无罪、罪轻的事实。监察机关可以查询的财产范围包括存款、汇款、债券、股票、基金份额等财产。

二是有关单位和个人应当配合。查询存款、汇款、债券、股票、基金份额等财产是调查职务违法犯罪的重要措施,是突破有关案件的有效手段。因此,监察法规定,有关单位和个人应当配合。这是法律对有关单位和个人设定的义务,当有监察机关依照规定采取查询措施时,有关单位和个人应当予以配合。这里的"配合"主要是指应当为查询工作提供方便,并提供必要的协助,不得以任何理由拒绝、阻挠或者拖延。

11. 监察委员会如何向其他机关调取材料?

调取是指监察机关为获取被调查人涉嫌职务违法或职务犯罪证据,要求有关单位或个人提供相关材料,并根据需要拍照、录像、复印和复制的一种调查措施。调取是监察机关进行调查活动中,对涉案款物、信息采取的强制措施,其在保全证据、保障监察机关调查活动顺利进行等方面,发挥着重要的作用。

监察机关采取调查措施的要求,主要有以下几个方面:一是采取调取措施,必须经监察机关相关负责人审批,并开具《调取证据通知书》。二是办理调取事项时,应由两名以上调查人员持工作证件和调取文书,并有持有人或保管人、见证人在场。三是监察机关依法行使调查权限时,有关单位和个人必须履行这一法定义务,全面、如实地提供,不得伪造、隐瞒、毁灭与案件有关的证据材料。四是在仔细查点的基础上,应当逐一拍照、登记、编号,开列清单,由在场人员当场核对、签字。在清单上写明调取的财物的名称、规格、特征、质量、数量,文件和电子信息的编号,以及发现的地点和时间等。清单不得涂改,凡是必须更正的,须共同签名或盖章,或者重新开列清单。五是监察机关要设立专门场所,配备专用的存储设备,由专门人员妥善保管和使用,防止证据遗失、损毁或者被调换。

12. 监察委员会如何采取留置措施?

留置是监察机关依法将涉嫌职务违法和职务犯罪的被调查人羁押在特定场所的一种措施,其具有限制性强、周期性长和审批严格的特点。留置是指监察机关调查涉嫌贪污贿赂、失职渎职等严重职务违法或者职务犯罪时,已经掌握被调查人部分违法犯罪事实及证据,仍有重要问题需要进一步调查,并且具备法定情形,经依法审批后,将被调查人带至并留在特定场所,使其就案件所涉及的问题配合调查而采取的一项案件调查措施。

首先,留置的适用范围为"被调查人涉嫌贪污贿赂、失职渎职等严重职务违法或者职务犯罪"。"严重职务违法"是指根据监察机关已经掌握的事实及证据,被调查人涉嫌的职务违法行为情节严重,可能被给予撤职以上政务处分。"职务犯罪"是指涉嫌刑事犯罪,可能被追究刑事责任。被调查人的行为情节轻微的，一般不采取留置措施。

其次，留置的证据条件为"监察机关已经掌握其部分违法犯罪事实及证据，仍有重要问题需要进一步调查"。"已经掌握部分违法犯罪事实及证据"具体包括下列情形：有证据证明发生了违法犯罪事实；有证据证明该违法犯罪事实是被调查人实施；证明被调查人实施违法犯罪行为的证据已经查证属实。需要注意的是，部分违法犯罪事实，既可以是单一违法犯罪行为的事实，也可以是数个违法犯罪行为中任何一个违法犯罪行为的事实。"重要问题"是指对被调查人涉嫌的职务违法或者职务犯罪，在定性处置、定罪量刑等方面有重要影响的事实、情节及证据。

再次，留置的情节条件为涉及案情重大、复杂的；被调查对象可能逃跑、自杀的；可能串供或者伪造、隐匿、毁灭证据的；可能有其他妨碍调查行为的。

最后，留置的实施程序。根据《监察法》第43条之规定，决定是否采取留置措施由讨论程序与决定程序组成。一是讨论程序。监察机关领导人员根据被调查对象与案件实际情况集体研究是否符合留置适用的法定条件，并提出是否采取留置措施的意见。二是审批程序。设区的市级以下监察机关采取留置措施,应当报上一级监察机关批准;省级监察机关采取留置措施,应当报国家监察委员会备案。留置需要同级党委负责人审批的,应当按照相关程序报经同级党委主要负责人审批。

此外,留置期间可以折抵刑期。留置时间不得超过三个月,自向被留置人员宣布之日起算。在特殊情况下,经审批可以延长一次,延长时间不得超过三个月。被留置人员涉嫌犯罪移送司法机关后,被判处管制、拘役和有期徒刑的,留置一日折抵管制二日,折抵拘役、有期徒刑一日。

13. 监察委员会如何使用技术调查措施?

技术调查是指监察机关出于调查职务犯罪的需要,指令公安机关根据国家有关规定,通过电话监听、电子监控、拍照或者录像等通信技术手段对被调查人职务违法犯罪行为进行调查,以求获取物证的行为。

首先,在适用范围上,采取技术调查措施的案件范围是涉嫌重大贪污贿赂等职务犯罪案件。根据《监察法实施条例》的规定,重大贪污贿赂等职务犯罪指具有下列情形之一:案情重大复杂,涉及国家利益或者重大公共利益的;被调查人可能被判处十年以上有期徒刑、无期徒刑或者死刑的;案件在全国或者本省、自治区、直辖市范围内有较大影响的。

其次,在适用期限上,技术调查措施自签发之日起三个月以内有效。对于不需要继续采取技术调查措施的,监察机关应当及时报批,将《解除技术调查措施决定书》送交有关机关执行。技术调查措施的期限届满前未办理延期手续的,到期自动解除。对于复杂、疑难案件,技术调查措施期限届满仍有必要继续采取技术调查措施的,经过批准,有效期可以延长,每次不得超过三个月。

最后,关于保密要求和对人员与方法的保护。如果使用技术调查措施获取的证据材料可能危及有关人员的人身安全,或者可能产生其他严重后果的,应当采取不暴露有关人员的身份、技术方法等保护措施。

# 第五章　监察程序

1. 为什么监察委员会实行集体决策制？

监察机关在具体业务办理中遵循集体决策原则。集体决策具体表现为监察事项的集体领导、讨论和负责。《监察法》第38条规定："需要采取初步核实方式处置问题线索的，监察机关应当依法履行审批程序，成立核查组。初步核实工作结束后，核查组应当撰写初步核实情况报告，提出处理建议……"第39条第2款规定："监察机关主要负责人依法批准立案后，应当主持召开专题会议，研究确定调查方案，决定需要采取的调查措施。"此外，第42条规定，对调查过程中的重要事项，应当集体研究；第43条规定，监察机关采取留置措施，应当由监察机关领导人员集体研究决定；第31条和第32条则规定了从宽处罚建议的集体研究。集体决策原则体现了立法者对于监察程序运行的谨慎态度，有利于防止个人决策的主观片面性，提高办案质量和监督能力。

2. 监察案件的办理流程有哪些？

根据《监察法》《监察法实施条例》等规定，监察机关办理案件的流程可以分为以下阶段：

一是线索受理。监察委员会办案的线索来源主要有以下几类：一是自行发现，监察委员会通过日常监督、调查职务违法和职务犯罪等工作，自行发现案件线索。二是群众举报或报案，群众可以将发现的案件线索，通过邮箱、电话等方式告知监察委员会。三是其他机关移送线索，检察院、法院、行政机关等在工作中发现案件线索，可以移送监察委员会处理。

二是线索的初步核实。初步核实是监察委员会调查部门自行发现或收到案管部门移送的线索后，对线索内容进行初步调查核实，目的是进一步收集相关的证据材料，为下一步是否立案提供重要依据。

三是正式立案。监察委员会对线索进行初步核实之后，认为符合立案条件，经集体讨论后决定立案，并制作立案文书。

四是监察调查。职务犯罪案件立案之后，案件随之进入正式的犯罪调查阶段，该阶段是职务犯罪监察调查程序的核心阶段。监察工作人员在此阶段，会综合运用各类监察措施，围绕定罪量刑进行调查取证，收集和固定各类证据材料。

五是案件审理。所有案件调查终结后必须移送审理部门进行审理，审理部门不仅对案件进行形式审查，而且对案件进行实质内容的审查，并在审查结束后做出具体的处理建议。

六是作出处理决定。监察委员会领导在审理部门提交的处理意见基础上，作出移送司法、政务处分等处置决定。

3. 监察委员会如何处理报案、举报？

监察机关对于报案或者举报，应当接受并按照有关规定处理。对于不属于本机关管辖的，应当移送主管机关处理。人民群众的报案和举报是监察机关发现和查处职务违法犯罪行为的重要线索来源和渠道，明确监察机关接受报案或者举报的义务，有利于保护人民群众参与反腐败斗争的积极性。

首先，监察机关接受报案或者举报的义务。监察机关对人民群众的报案或者举报应当接受。按照监察机关内部职责分工，由信访部门负责统一接收群众的来信来访和报案、举报材料，逐件登记并分类摘要后，再按照程序报批后按照规定办理。报案是指有关单位和个人向监察机关报告其知道的公职人员涉嫌职务违法犯罪事实或者线索的行为;举报是指当事人以外的其他知情人向监察机关检举、揭发公职人员涉嫌的职务违法犯罪事实或者线索的行为。对于实名举报,监察机关受理线索后,必须及时向举报人反馈处理结果。

其次,关于报案或者举报的移送。对属于监察事项,但不属于该监察机关管辖,应当移送有管辖权的监察机关处理;对不属于监察事项,应当由别的主管机关管辖,应当移送相应机关处理。

此外,监察机关应当建立严格的保密制度,严禁泄露举报事项、处理情况以及与举报人相关的信息,这样有利于保护报案人、举报人及其近亲属的安全,也有利于保护人民群众与职务违法犯罪作斗争的积极性。

4. 监察委员会如何处理其他机关移送的线索?

明确职务违法犯罪问题线索移送制度,有利于审判机关、检察机关、公安机关、审计机关等国家机关,及时移送其发现的公职人员涉嫌职务违法犯罪的问题线索,发挥相关机关反腐败的协同配合作用，确保监察机关及时查处各种职务违法犯罪行为。明确职务违法犯罪案件的管辖权，有利于监察机关和其他有关机关各司其职、各尽其责，避免争执或推诿。

首先，人民法院、人民检察院、公安机关、审计机关等国家机关在工作中发现公职人员涉嫌贪污贿赂、失职渎职等职务违法或者职务犯罪的问题线索，应当移送监察机关，由监察机关依法调查处置。监察机关是行使国家监察职能的专责机关，对所有行使公权力的公职人员进行监察，调查职务违法和职务犯罪。因此，审判机关、检察机关、公安机关、审计机关等国家机关，在审判、审查起诉、刑事侦查、治安行政管理、审计等工作中，发现公职人员涉嫌职务违法犯罪问题线索的，应当及时移送监察机关。为加强协调配合，监察机关与审判机关、检察机关、公安机关、审计机关等国家机关应当建立问题线索移送机制。

其次，监察机关在调查涉嫌职务违法犯罪的被调查人其他违法犯罪案件时，需要检察机关、公安机关等其他机关协助的，其应当给予协助。

5. 监察机关如何进行线索的初步核实？

初步核实是正式立案的准备性或检验性工作。一方面，调查人员采取各类初核措施，初步查清案件线索涉及的相关问题，检验线索反映的问题是否属实，是否涉嫌职务违法或职务犯罪，是否应追究相关人员的刑事责任，是否具有可查性，这些核查内容将直接影响领导的立案决定。另一方面，调查人员在初核阶段拥有许多有力的调查手段，如果能够有效运用这些调查手段，可以掌握大量对后续调查有用的证据材料，从这个意义上看，初核也是在为后续的犯罪调查做基本的准备工作。

具体来说，该程序的核心内容包括初核组织、初核措施和初核流程三个主要的方面。

第一，初核组织。初核组织是指调查部门负责人统筹安排人员分工，指定专门调查人员组成初核组。一般情况下，初核组由两名以上调查人员组成，如果案情比较重大复杂，也可以指定多名调查人员组成初核组。调查人员将在审阅线索之后，制定初核方案，层报监察委主要负责人审批。

第二，初核措施。为了确保初核工作顺利进行，《监察法》以及其他内部法律规定了一系列的初核措施，调查人员在使用这些初核措施时,应严格履行必要的内部审批手续。这些调查措施主要包括谈话、询问、查询、鉴定等。

第三,初核流程。调查人员在组成初核组后,需要按照法定的工作程序进行初核,结合初核组织和初核措施的内容,初核的基本流程包括成立初核组、制定初核方案层报审批、核查和收集证据、进度汇报、初核终结。根据监察法律规范的内容,调查人员初核结束,可以具体提出四类处理建议:一是提请立案调查,针对的是符合职务违法犯罪立案条件的线索;二是提请其他处分方式,如果无须进行立案调查,可以直接采取批评教育、诫勉谈话、责令检查等处理方式;三是提请暂存待查,对调查条件并不成熟或涉及的法律问题需要进一步研讨的,可以暂存待查;四是提请予以了结,即调查人员初步调查后发现没有违纪违法嫌疑,或者找不到证据可以证明违纪违法嫌疑,可以提请对线索结案。

6. 监察立案的条件和程序是什么?

监察委员会经过初步核实,对监察对象涉嫌职务违法犯罪,需要追究法律责任的,监察机关应当按照规定的权限和程序办理立案手续。监察机关主要负责人依法批准立案后,应当主持召开专题会议,研究确定调查方案,决定需要采取的调查措施。立案调查决定应当向被调查人宣布,并通报相关组织。涉嫌严重职务违法或者职务犯罪的,应当通知被调查人家属,并向社会公开发布。

首先,立案的条件主要有三项内容。立案应当符合三个条件:

一是存在职务违法或者职务犯罪的事实。监察机关立案所需的职务违法或者职务犯罪的事实,仅指初步确认的部分职务违法或者职务犯罪的事实,而不是全部职务违法或者职务犯罪的事实,全部事实要到调查阶段结束之后才能得以查清。

二是需要追究法律责任。有职务违法或者职务犯罪的事实,只是立案的必备条件之一,但并不是所有职务违法或者职务犯罪的事实都需要立案查处,能否立案还要看是否需要追究法律责任,如情节显著轻微不需要追究法律责任的,就不需要立案。是否需要追究法律责任,要根据有关法律法规的规定来确认。

三是按照规定的权限和程序办理立案手续。对符合立案条件的,由承办部门起草立案审查呈批报告,经纪检监察机关主要负责人审批后,报同级党委(党组)主要负责人批准,予以立案审查。

其次,立案后确定调查方案。监察机关主要负责人应当主持召开专题会议,根据被调查人情况、案件性质和复杂程度等,集体研究确定调查方案。一般来说,调查方案的内容应包括:应当查明的问题和线索,调查步骤、方法,调查过程中需要采取哪些措施,预计完成任务的时间,以及应当注意事项等。调查方案一经确定,案件调查人员应当严格遵照执行,不得擅自更改方案内容,遇有重大突发情况需要更改调查方案的,应当报批准该方案的监察机关主要负责人批准。

最后,立案后应通知有关单位和人员。立案调查决定应当向被调查人宣布,并通报被调查人所在单位等相关组织。向社会公开发布,既是监察机关接受社会监督的一种方式,也是加强反腐败斗争宣传、形成持续震慑的一种手段。

7. 监察案件调查终结后有几种处理方式?

监察委领导集体讨论之后,可以根据案件具体情况做出以下的处理决定:一是移送检察机关审查起诉。对于符合移送起诉法定条件的，应做出移送起诉决定，并由调查部门制作起诉意见书，在层报监察委领导审批之后，将移送案卷材料一并移送到检察机关。二是做出政务处分决定。如果审理后发现调查对象不构成犯罪，或者构成犯罪却可以不追究刑事责任，但是应给予政务处分的，由监察机关做出政务处分决定。三是提出监察建议。如果审理后发现被调查对象不构成犯罪，也不需要给予政务处分，但是发现涉案单位存在廉政建设方面的漏洞，可以决定向相关单位提出监察建议。四是撤销案件。如果发现被调查对象没有犯罪事实，应撤销案件。

8. 有关单位拒不执行处理决定或者无正当理由拒不采纳监察建议，该如何处理？

《监察法》第62条规定了有关单位的监察法律责任，主要分为两种情形，一种是拒不执行监察机关作出的处理决定，另一种是无正当理由拒不采纳监察建议。针对这两种情形：

一是对有关单位拒不执行监察机关作出的处理决定的处理。监察机关向职务违法的监察对象作出警告、记过、记大过、降级、撤职、开除等政务处分决定，对不履行或者不正确履行职责负有责任的领导人员，按照管理权限对其直接作出问责决定，或者向有权作出问责决定的机关提出问责建议。

二是对有关单位无正当理由拒不采纳监察建议的处理。监察建议一般是对监察对象所在单位廉政建设和履行职责存在的问题所提出。对于监察机关提出的监察建议，监察对象及其所在单位如无正当理由，应当采纳，并且将采纳监察建议的情况通报给监察机关。被监察对象所在单位未按照法定程序向监察机关提出异议，又拒不采纳监察建议的，应当追究所在单位及人员的法律责任。

有关单位一旦发生上述违法行为，不但对单位要给予通报批评，对负有责任的领导人员和直接责任人员也要依法给予处理。

9. 监察调查中的涉案财物怎么处理？

监察委员会在办案中可能查封、扣押、冻结被调查对象的财物，案件调查终结后，应及时对涉案财物进行处置。

一是没收、追缴或者责令退赔。对被调查人违法取得的财物,监察机关可以依法予以没收、追缴或者责令退赔,目的是防止职务违法的公职人员在经济上获得不正当利益,挽回职务违法行为给国家财产、集体财产和公民个人的合法财产造成的损失。"没收",是指将违法取得的财物强制收归国有的行为,没收的财物一律上缴国库。"追缴",是指将违法取得的财物予以追回的行为,追缴的财物退回原所有人或者原持有人;依法不应退回的,上缴国库。"责令退赔",是指责令违法的公职人员将违法取得的财物予以归还,或者违法取得的财物已经被消耗、毁损的,用与之价值相当的财物予以赔偿的行为。责令退赔的财物直接退赔原所有人或者原持有人,无法退赔的,应当上缴国库。

二是随案移送检察机关。监察委员会作出将案件移送检察院审查起诉决定后,对于查扣的涉嫌职务犯罪所得财物及其孳息,应当依法如数随案移送检察机关审查起诉。

三是对经认定不属于违规违纪违法所得的,应当在案件审结后依规依纪依法予以返还,并办理签收手续。

四是对于违禁品,一律收缴。

10. 什么是对违纪违法党员干部的"先处后移"？

先处后移是对于涉嫌违纪违法的公职人员，应先给予党纪处分，并按规定给予政务处分，之后再移交其他国家机关处理。主要分为三个方面：

一是党组织"原则上先作出党纪处分决定"。党的十八大后，党中央高度重视对涉嫌违法犯罪党员及时作出纪律处分工作，要求纪检机关向司法机关移送案件前，一般应当作出党纪处分决定；因案情疑难、复杂等原因难以在移送司法机关前作出党纪处分决定的，可以先行移送司法机关。中央纪委贯彻党中央要求，对涉嫌违法犯罪党员作出纪律处分工作出台专门制度，进一步明确相关要求。一方面，强化纪检机关担当意识，要求原则上做到先处分后移送；另一方面，充分考虑纪律审查工作实际，特殊情况下可以例外，目的是确保纪严于法、纪在法前、把纪律挺在前面的要求落到实处。各级党组织应当认真落实党中央要求，在纪律审查中应当做到先处分后移送，避免出现党员带着"党籍"蹲监狱问题。

二是"按照规定给予政务处分"。《监察法》第 45 条规定，监察机关根据监督、调查结果，对违法的公职人员依照法定程序作出警告、记过、记大过、降级、撤职、开除等政务处分决定。在纪委监委合署办公体制下，纪检监察机关既执纪又执法，对于党员的违纪违法案件，不仅要依据党章党规党纪给予纪律处分，而且要依据宪法和《监察法》等法律法规作出政务处分。各级纪检监察机关必须把执纪与执法统一起来，同向发力、精准发力，实现良好的政治效果、纪法效果和社会效果。

三是"移送有关国家机关依法处理"。纪委监委在纪律审查调查中，若发现违纪党员存在违反国家法律法规需要由有关国家机关依法处理的，应当及时移送有关国家机关。比如，根据《中共中央纪委、监察部、审计署关于纪检监察机关和审计机关在查处案件中加强协作配合的通知》规定，纪检监察机关在查处案件中，发现有违反国家规定的财政收支、财务收支行为，属于审计机关管辖范围的，应当将案件线索及时移送审计机关；纪检监察机关根据审查结果，认为应当给予审计处理、处罚的，可以向审计机关提出建议，审计机关应当依法及时查处，并将结果书面通知纪检监察机关。

第六章 反腐败国际合作

1. 监察机关可以使用哪些国际追逃措施?

对于重大贪污贿赂、失职渎职等职务犯罪案件,被调查人逃匿到国(境)外,掌握证据比较确凿的,通过开展境外追逃合作,追捕归案。开展反腐败国际追逃的主要方式是引渡。除了引渡之外,遣返、异地起诉、劝返等也是常见的替代措施。

(1)引渡。引渡是指根据双边条约、多边条约或者互惠为基础,向外逃涉案人所在地国提出请求,将涉嫌犯罪人员移交给国内进行追诉和处罚。

(2)遣返。遣返是指我国向外逃所在地国提供外逃人员违法犯罪线索和伪造护照等虚假身份情况,让所在地国根据移民法规,剥夺其居留地位并强制遣返至我国或第三国。

(3)异地起诉。异地起诉是指我国无法行使管辖权时,通过让渡管辖权给外逃所在地国,支持外逃所在地国依据本地法律和我国提供的证据,对我国外逃人员进行定罪判刑。

(4)劝返。劝返是指对外逃人员进行说服教育,使其主动回国,接受追诉、审判或执行刑罚。

2. 监察委员会如何进行国际追赃?

反腐败国际追赃,是指对贪污贿赂等犯罪嫌疑人携款外逃的,通过提请赃款赃物所在国查询、冻结、扣押、没收、追缴、返还涉案资产,追回犯罪资产。

根据《监察法》和《监察法实施条例》的有关规定,我国目前开展追赃国际合作的手段主要有:

(1)在开展引渡、遣返等追逃合作的同时,请求有关国家移交赃款赃物。针对携款外逃的贪污贿赂等犯罪嫌疑人,我国依据双边引渡条约或多边含有引渡条款的国际公约或互惠原则,向嫌犯所在地国提出引渡请求时,一般同时开展追赃国际合作。

(2)协助赃款赃物所在地根据其国内法启动追缴程序,然后予以没收和返还。实践中,没收返还的范围还可以及于犯罪所得或价值相当的财产、犯罪资产、设备或其他工具。

(3)受害人或受害单位在赃款赃物所在地国,通过民事诉讼方式追回犯罪资产。根据《联合国反腐败公约》的规定，因贪污、挪用公款、侵占等犯罪遭受物质损害的受害人或单位，针对其遭受损失的财产部分，有权以民事原告的身份向法院对侵权人提起财产侵权或确权的民事诉讼，要求民事被告返还侵权之物或赔偿损失。

（4）在我国国内启动违法所得特别没收程序，由法院做出没收判决后，请求赃款赃物所在地国予以承认和执行。刑事诉讼法设定了针对贪污贿赂犯罪、恐怖活动犯罪等重大犯罪案件的违法所得没收特别程序，规定犯罪嫌疑人逃匿或死亡，可由检察院提出申请，法院依法作出没收裁定，然后请求涉案资产所在地国予以承认和执行。

3. 监察委员会如何开展国际防逃？

防逃是通过加强组织管理和干部监督，查询、监控涉嫌职务犯罪的公职人员及其相关人员进出国（境）和跨境资金流动情况，完善防逃措施，防止涉嫌职务犯罪的公职人员外逃。

一是加强对公职人员的日常教育、管理和监督。有关组织和单位要切实履行职责，严格执行各项管理制度，做好预防工作。

二是要完善防逃措施,筑牢防逃堤坝。要严格执行公职人员护照管理、出入境审批报备制度,认真落实对配偶子女移居国境外的国家工作人员相关管理规定,定期开展"裸官"清理,做好对党员领导干部个人有关事项报告情况的抽查核实。

三是强化责任追究。被调查人外逃、赃款赃物转移,监察机关及相关部门都有责任,要强化责任意识。

第七章 对监察机关和监察人员的监督

1. 如何对监察机关进行监督？

党的十九大报告指出,要加强对权力运行的制约和监督,让人民监督权力,让权力在阳光下运行,把权力关进制度的笼子。监察委员会是行使监察监督权的国家监察机关,在监督其他机关的同时,也接受外部的监督。

一是接受党委监督。监察委员会要接受同级党委的领导,同级党委可以从党领导监察工作的视角对监察委员会进行监督。

二是监察委员会上下级之间监督。上下级监察委员会是领导与被领导的关系,监察业务工作以上级监察委员会的领导为主,上级监察委员会可以在业务工作中监督下级监察委员会。

三是接受人大监督。各级监察委员会应当接受本级人民代表大会及其常务委员会的监督。各级人民代表大会常务委员会听取和审议本级监察委员会的专项工作报告,组织执法检查。

县级以上各级人民代表大会及其常务委员会举行会议时，人民代表大会代表或者常务委员会组成人员可以依照法律规定的程序，就监察工作中的有关问题提出询问或者质询。

四是接受司法监督。监察委员会办理职务犯罪案件过程中，案件移送检察院审查起诉，检察院可以从法律视角审查监察委员会的办案程序和结果。另外，法院在审判过程中，也可以审查监察委员会的办案程序是否合法，案件是否符合定罪量刑的标准。

五是民主监督、社会监督、舆论监督。民主监督一般是指人民政协或者各民主党派等主体对监察机关及其工作人员的工作进行的监督。社会监督一般是指公民、法人或其他组织对监察机关及其工作人员的工作进行的监督。舆论监督一般是指社会各界通过广播、影视、报纸、杂志、网络等传播媒介，发表自己的意见和看法，形成舆论，对监察机关及其工作人员的工作进行的监督。

2. 监察机关侵害公民合法权利，公民如何申诉？

申诉是宪法规定的公民基本权利。监察机关采取相关调查措施过程中，侵害被调查人的人身、财产权等合法权益的，被调查人及其近亲属有权申诉。被调查人的近亲属，是指被调查人的夫、妻、父、母、子、女、同胞兄弟姊妹。

监察工作人员在办案过程中，可能违法或不当行使权力，侵害公民合法权益，法律赋予了公民救济途径，其中一个救济途径是申诉。

首先，申诉的理由。《监察法》第60条第1款规定，监察机关及其工作人员有下列行为之一的，被调查人及其近亲属有权向该机关申诉：（1）留置法定期限届满，不予以解除的；（2）查封、扣押、冻结与案件无关的财物的；（3）应当解除查封、扣押、冻结措施而不解除的；（4）贪污、挪用、私分、调换以及违反规定使用查封、扣押、冻结的财物的；（5）其他违反法律法规、侵害被调查人合法权益的行为。

其次，申诉的程序。《监察法》第60条第2款规定，受理申诉的监察机关应当在受理申诉之日起一个月内作出处理决定。申诉人对处理决定不服的，可以在收到处理决定之日起一个月内向上一级监察机关申请复查，上一级监察机关应当在收到复查申请之日起二个月内作出处理决定，情况属实的，及时予以纠正。

3. 监察对象对监察机关的处理决定不服，应如何处理？

监察机关对党员干部等监察对象作出政务处分等处置决定后，监察对象可以依法采取复审、复核的救济措施。

一是复审、复核的程序。复审是指监察对象对监察机关作出的涉及本人的处理决定不服，自收到处理决定之日起一个月内，可以向作出决定的监察机关申请复审，作出决定的监察机关依法受理后，应当对原处理决定进行审查核实并作出复审决定。复核是指监察对象对复审决定不服，自收到复审决定之日起一个月内，可以向作出复审决定的监察机关的上一级监察机关申请复核，上一级监察机关依法受理后，对原复审决定进行审查核实并作出复核决定。复审是复核的前置程序，未经复审的，不能提出复核申请。

二是复审、复核的时限。复审机关应当在一个月内作出复审决定，复核机关应当在二个月内作出复核决定。

三是复审、复核期间原处理决定的效力。复审、复核期间，不停止原处理决定的执行。假如复审复核改变了原处理决定，新的决定作出后可停止原处理决定的执行。

4. 如何追究监察机关及其工作人员违法行使职权的责任?

《监察法》第65条规定了监察机关及其工作人员违法行使职权的情形,即监察机关及其工作人员有下列行为之一的,对负有责任的领导人员和直接责任人员依法给予处理:(1)未经批准、授权处置问题线索,发现重大案情隐瞒不报,或者私自留存、处理涉案材料的;(2)利用职权或者职务上的影响干预调查工作、以案谋私的;(3)违法窃取、泄露调查工作信息,或者泄露举报事项、举报受理情况以及举报人信息的;(4)对被调查人或者涉案人员逼供、诱供,或者侮辱、打骂、虐待、体罚或者变相体罚的;(5)违反规定处置查封、扣押、冻结的财物的;(6)违反规定发生办案安全事故,或者发生安全事故后隐瞒不报、报告失实、处置不当的;(7)违反规定采取留置措施的;(8)违反规定限制他人出境,或者不按规定解除出境限制的;(9)其他滥用职权、玩忽职守、徇私舞弊的行为。

对于监察机关及其工作人员违法行使职权的情况,针对那些直接实施违法行为的监察工作人员,依法追究其违纪违法责任,涉嫌犯罪的追究其刑事责任。对于监察机关的领导人员和其他责任人员,同样要依法追究责任。

5. 什么是监察国家赔偿?

《监察法》第67条规定,监察机关及其工作人员行使职权,侵犯公民、法人和其他组织的合法权益造成损害的,依法给予国家赔偿。

首先,监察赔偿的条件。监察国家赔偿要具备四个条件:(1)公民、法人或其他组织受到的损害必须是监察机关或者监察人员违法行使职权所造成的;(2)损害事实与违法行使职权的行为之间存在着因果关系;(3)损害必须是现实已经产生或者必然产生的,是直接的,不是间接的;(4)赔偿事项是法律规定的。

《监察法实施条例》第280条对此进行了列举式的规定:采取留置措施后,决定撤销案件的;违法没收、追缴或者违法查封、扣押、冻结财物造成损害的;违法行使职权,造成被调查人、涉案人员或者证人身体伤害或者死亡的;非法剥夺他人人身自由的;其他侵犯公民、法人和其他组织合法权益造成损害的。

其次,监察赔偿的义务机关。监察机关及其工作人员违法行使职权侵犯公民、法人和其他组织的合法权益造成损害的,该机关为赔偿义务机关。

最后,监察赔偿的方式。监察国家赔偿以支付赔偿金为主要方式。能够返还财产或者恢复原状的,予以返还财产或者恢复原状。当然,在具体赔偿的标准方面可以参照《国家赔偿法》的相关规定进行。有待下一步在《国家赔偿法》中专门增加关于监察国家赔偿的内容,针对赔偿方式和标准再进一步详细明确。

图书在版编目(CIP)数据

刑事法律知识问答/叶青,韩志强主编.—北京:北京大学出版社,2024.5
ISBN 978-7-301-34973-1

Ⅰ.①刑… Ⅱ.①叶…②韩… Ⅲ.①刑法—中国—问题解答 Ⅳ.①D924.04

中国国家版本馆 CIP 数据核字(2024)第 070263 号

书　　名	刑事法律知识问答 XINGSHI FALÜ ZHISHI WENDA
著作责任者	叶　青　韩志强　主编
责任编辑	李小舟
标准书号	ISBN 978-7-301-34973-1
出版发行	北京大学出版社
地　　址	北京市海淀区成府路 205 号　100871
网　　址	http://www.pup.cn　新浪微博:@北京大学出版社
电子邮箱	zpup@pup.cn
电　　话	邮购部 010-62752015　发行部 010-62750672 编辑部 021-62071998
印 刷 者	北京中科印刷有限公司
经 销 者	新华书店 787 毫米×1092 毫米　32 开本　13 印张　225 千字 2024 年 5 月第 1 版　2024 年 5 月第 1 次印刷
定　　价	78.00 元

未经许可,不得以任何方式复制或抄袭本书之部分或全部内容。
版权所有,侵权必究
举报电话:010-62752024　电子邮箱:fd@pup.cn
图书如有印装质量问题,请与出版部联系,电话:010-62756370

定价：78.00元